Tiny Stories for French Learners

Short Stories in French for Beginners and Intermediate Learners

Claire Laurent

This book was designed using resources from www.freepik.com

greenthumbpublishing@gmail.com

Contents

Introduction

Reading in a foreign language is one of the most effective ways for you to improve language skills and expand vocabulary. However, it can sometimes be difficult to find engaging reading materials at an appropriate level that provide a feeling of achievement and a sense of progress. Most books and articles written for native speakers can be too long and difficult to understand or may have very high-level vocabulary so you feel overwhelmed and give up. If these problems sound familiar, then this book is for you!

Tiny Stories for French learners is a collection of 25 unconventional and entertaining short stories that are designed to help beginner to intermediate level French learners improve their language skills.

These short stories create a supportive reading environment by including;

- Rich linguistic content in different genres to keep you entertained and expose you to a variety of word forms.
- Shorter stories in chapters to give you the satisfaction of finishing stories and progressing quickly.
- Texts written at your level so they are more easily comprehended and not overwhelming.
- English translation on alternating pages so you can directly refer to it line by line while reading the French story.
- Key vocabulary is printed **bold** throughout the story and translation to help you understand unfamiliar words more easily.
- Comprehension questions to test your understanding of key events and to encourage you to read in more

detail.

So whether you want to expand your vocabulary, improve your comprehension, or simply read for fun, this book is the biggest step forward you will take in your studies this year. Tiny stories for French learners will give you all the support you need, so sit back, relax, and let your imagination run wild as you are transported to a magical world of adventure, mystery and intrigue – in French!

How to use this book

Reading is a difficult talent to master. We use a range of micro-skills to help us read in our native languages. For example, we might skim a passage to get a rough understanding, or gist, of what it's about. Alternatively, we might comb through numerous pages of a train schedule in search of a specific time or location. While these micro-skills are second nature when reading in our native languages, research reveals that we often forget most of them when reading in a foreign language. When learning a foreign language, we normally begin at the beginning of a text and work our way through it, trying to understand every single word. Inevitably, we come across unfamiliar or complex terms and become annoyed by our inability to comprehend them.

One of the biggest advantages of reading in a foreign language is that you are exposed to a vast number of phrases and expressions that are used in everyday situations. Extensive reading is a term used to describe reading for pleasure in order to learn a language. It's not like reading a textbook, when conversations or texts are designed to be read slowly and carefully with the goal of comprehending every word. "Intensive reading" refers to reading that is done to achieve specific learning goals or complete tasks. To put it another way, thorough reading in textbooks usually aids in the learning of grammar rules and particular vocabulary, but extensive reading of stories aids in the learning of natural language.

Tiny stories for French learners will provide you with opportunities to learn more about natural French

language in use, although you may have started your language learning journey with solely textbooks. Here are a few pointers to keep in mind as you read the stories in this book to get the most out of them: When it comes to reading, enjoyment and a sense of accomplishment are critical. You keep coming back for more because you enjoy what you're reading. Reading each story from beginning to end is the best method to enjoy reading stories and feel accomplished. As a result, the most crucial thing is to get to the end of a story. It's actually more crucial than knowing every single word

The more you read, the more you will gain knowledge. You will quickly have a knowledge of how French works if you read larger books for pleasure. However, keep in mind that in order to get the full benefits of extensive reading, you must first read a sufficiently substantial volume. Reading a few pages here and there may teach you a few new words, but it won't make a significant difference in your overall level of French.

Accept the fact that you will not comprehend everything you read in a novel. This is, without a doubt, the most crucial point! Always remember that not understanding all of the words or sentences is entirely acceptable. It does not imply that your language skills are inadequate or that you are performing poorly. It indicates that you are actively involved in the learning process.

Reading guide

In order to get the most from reading Tiny Stories for French Learners, it will be best for you to follow this simple six-step reading process for each chapter of the stories:

1. Read the chapter title. Think about what the story might be about. Then read the story all the way through. Your aim is simply to reach the end of the story. Therefore, do not stop to look up words and do not worry if there are things you do not understand. Simply try to follow the plot.

2. When you reach the end of the story, scan the English translation to see if you have understood what has happened and pick up any context you may have missed.

3. Go back and read the same story again. If you like, you can focus more on story details than before, but otherwise simply read it through one more time.

4. Next, work through the comprehension questions in French to check your understanding of key events in the story. If you do not understand the questions fully, do not worry. Use you knowledge to answer as best you can.

5. At this point, you should have some understanding of the main events of the chapter. If not, you may wish to re-read the chapter a few times using the translation to check unknown words and phrases until you feel confident.

Once you are ready and confident that you understand what has happened – whether it's after one reading of the story or several – move on to the next story and continue

enjoying the story at your own pace, just as you would any other book.

Only once you have completed a story in its entirety should you consider going back and studying the story language in more depth if you wish. Or instead of worrying about understanding everything, take time to focus on all that you have understood and congratulate yourself for all that you have done.

Tiny Stories

for French Learners

La Côte d'Azur

La Côte d'Azur Un lieu de luxe, de richesse et de **beauté**. C'était un endroit que j'avais toujours rêvé de visiter, et me voici maintenant. Mon mari, Mark, et moi étions en lune de miel, et nous étions déterminés à en profiter au maximum. Nous avions planifié chaque **détail** méticuleusement et tout se passait parfaitement. Nous sommes arrivés à l'aéroport de Nice et avons été emmenés dans une voiture avec chauffeur jusqu'à notre **hôtel** surplombant la mer Méditerranée. Le soleil se couchait à notre arrivée, et la vue depuis notre chambre était à couper le souffle. Nous avons rapidement déballé nos affaires avant de partir à la découverte de la ville. Les rues étaient animées par des gens qui profitaient de l'air chaud du soir. Nous avons erré sans but, en profitant des vues et des sons de ce lieu **magique**. Au détour d'une rue, sur une petite place, nous avons entendu de la **musique provenant** d'un café voisin. Nous nous sommes dirigés vers le café et avons vu qu'il était bondé de gens, tous appréciant la musique. Nous avons trouvé une table à l'arrière et nous nous sommes assis pour écouter. Le groupe jouait un mélange de chansons françaises et anglaises, et tout le monde semblait s'amuser.

Pendant que nous écoutions, nous n'avons pas pu nous empêcher de remarquer un groupe de **belles** femmes assises à une table près de l'entrée. Elles riaient et plaisantaient ensemble, s'amusant manifestement beaucoup. Il n'a pas fallu longtemps pour que l'attention

The French Riviera

The French Riviera A place of luxury, wealth, and **beauty**. It was a place that I had always dreamed of visiting, and now here I am. My husband, Mark, and I were on our honeymoon, and we were determined to make the most of it. We had planned every **detail** meticulously and everything was going perfectly. We arrived at Nice airport and were whisked away in a chauffeured car to our **hotel** overlooking the Mediterranean Sea. The sun was setting as we arrived, and the view from our room was breathtaking. We unpacked quickly before heading down to explore the town. The streets were bustling with people enjoying the warm evening air. We wandered aimlessly, taking in the sights and sounds of this **magical** place. As we turned a corner into a small square, we heard **music** coming from a nearby café. We walked towards the café and saw that it was packed with people, all enjoying the music. We found a table at the back and sat down to listen. The band was playing a mix of French and English songs, and everyone seemed to be having a great time.

As we listened, we couldn't help but notice a group of **beautiful** women sitting at a table near the front. They were laughing and joking together, clearly enjoying themselves immensely. It wasn't long before Mark's attention was fully on them. I could see him looking at them longingly, and I knew what he was thinking. I leaned over to him and **whispered** in his ear, "Do you want to go talk to them?" He nodded eagerly, so

de Mark se porte entièrement sur elles. Je pouvais le voir les regarder avec envie, et je savais ce qu'il pensait. Je me suis penchée vers lui et j'ai **murmuré** à son oreille : "Tu veux aller leur parler?". Il a hoché la tête avec enthousiasme, alors j'ai pris sa main et l'ai conduit à leur table. Mark a commencé à discuter avec les femmes immédiatement, et elles nous ont rapidement inclus dans leur **conversation**. Elles nous ont dit qu'elles étaient mannequins et qu'elles étaient ici pour une séance photo qui aurait lieu demain matin sur l'un des yachts amarrés dans le **port**. Elles nous ont invitées à les rejoindre pour boire un verre plus tard dans la soirée, une fois la séance terminée. Après avoir terminé nos boissons, nous nous sommes dirigés vers l'endroit où se déroulait la fête sur **le yacht**. Il devait y avoir une centaine de personnes, qui se mêlaient aux autres, buvaient du champagne ou **dansaient** sur le pont sous les lumières féeriques accrochées autour du bateau. On se serait cru dans un film. Une des filles nous a repérés et est venue nous saluer à nouveau avant de nous entraîner sur la piste de danse, où nous avons dansé jusque tard dans la nuit.

À l'aube, nous avons finalement quitté la fête et sommes rentrés à pied à l'hôtel, bras dessus, bras dessous avec nos nouveaux **amis**. Le lendemain matin, nous nous sommes réveillés tôt et nous nous sommes rendus au port où se déroulait la séance **photo**. C'était incroyable de voir la transformation qui avait eu lieu pendant la nuit. Le yacht ressemblait à un **palais** flottant, avec des mannequins en vêtements de marque posant partout.

I took his hand and led him over to their table. Mark started chatting with the women immediately, and they soon included us in their **conversation**. They told us they were models who were here for a photo shoot taking place tomorrow morning on one of the yachts moored in the **harbor**. They invited us to join them for drinks later that evening, after their shoot had finished. After finishing our drinks, we made our way down to where the **yacht** party was taking place. There must have been 100 people there, all mingling, drinking champagne or **dancing** on deck under fairy lights strung up around the boat. It looked like something out of a movie. One of the girls spotted us and came over to say hello again before leading us onto the dance floor, where we danced until late into the night.

As dawn began to break, we finally left the party and made our way back to our hotel on foot, arm in arm with new **friends**. The next morning, we woke early and made our way down to the harbor where the **photo** shoot was taking place. It was incredible to see the transformation that had taken place overnight. The yacht looked like a floating **palace**, with models in designer clothes posing everywhere.

Questions de compréhension

1. Qu'est-ce que la Côte d'Azur?

2. Quelle était la vue de la chambre d'hôtel?

3. Quel genre de musique jouait le groupe?

4. Quelles étaient les femmes auxquelles Mark s'intéressait?

5. Que se passait-il sur le yacht?

6. Comment était le yacht après la transformation?

7. Combien de personnes étaient présentes à la fête?

8. Que représente la Côte d'Azur pour le couple?

Comprehension Questions

1. What is the French Riviera?

2. What was the view from the hotel room?

3. What kind of music was the band playing?

4. What were the women that Mark was interested in?

5. What was taking place on the yacht?

6. How did the yacht look after the transformation?

7. How many people were at the party?

8. What is the French Riviera to the couple?

Bœuf bourguignon

C'était une nuit sombre et **orageuse**. Le vent hurlait dans les arbres, faisant voler les feuilles et les branches dans les airs. Au loin, le tonnerre grondait comme une bête en colère. Bœuf Bourguignon frissonnait dans sa petite cabane, blotti sous une mince **couverture**. Il savait qu'il aurait dû se coucher tôt, mais il était tellement excité à l'idée de préparer son fameux plat pour le dîner du lendemain qu'il n'a pas pu résister à l'envie de rester debout un peu plus longtemps pour travailler dessus. Il le regrette maintenant en écoutant le **vent** hurler et en pensant à tous les invités qui viendront demain. Seront-ils capables de passer à travers la tempête? Il l'espère, car cela fait des semaines qu'il attend ce **dîner avec impatience**. Ce serait une occasion **spéciale**, sa première chance de montrer ses talents culinaires à certaines des personnes les plus influentes de la ville. Il avait travaillé dur pour perfectionner sa recette de bœuf bourguignon et était convaincu qu'il impressionnerait **tous ceux** qui le goûteraient. Demain soir ne pouvait pas arriver assez tôt.

Le lendemain, le Bœuf Bourguignon se réveilla au son de la **pluie qui** tapait contre sa **fenêtre**. Il grogne et tire la couverture sur sa tête, essayant de bloquer le bruit. La journée s'annonçait pluvieuse, c'était clair. Mais il n'avait pas de temps à perdre à s'apitoyer sur son sort, il avait un dîner à préparer ! Il se leva et commença à s'affairer dans sa petite cabane, préparant tout pour le grand **événement de** ce soir. Son cœur battait la

Boeuf bourguignon

It was a dark and **stormy** night. The wind howled through the trees, sending leaves and branches flying through the air. In the distance, thunder rumbled like an angry beast. Boeuf Bourguignon shivered in his little hut, huddled under a thin **blanket**. He knew he should have gone to bed early, but he had been so excited about making his famous dish for tomorrow's dinner party that he couldn't resist staying up a little longer to work on it. He now regretted it as he listened to the howling **wind** and thought about all of the guests who would be coming tomorrow. Would they even be able to make it through the storm? He hoped so, because he had been looking forward to this **dinner** party for weeks. It was going to be a **special** occasion—his first chance to show off his culinary skills to some of the most influential people in town. He had worked hard on perfecting his Boeuf Bourguignon recipe and was confident that it would impress **everyone** who tried it. Tomorrow night couldn't come soon enough.

The next day, Boeuf bourguignon woke to the sound of **rain** pattering against his **window**. He groaned and pulled the blanket over his head, trying to block out the noise. It was going to be a wet day, that much was clear. But he had no time to waste feeling sorry for himself-he had a dinner party to prepare for! He got up and started bustling around his small hut, getting everything ready for tonight's big **event**. His heart was racing in anticipation as he **chopped** vegetables and stirred the pot of stew that would become his famous

chamade tandis qu'il **coupait les** légumes et remuait la marmite de ragoût qui allait devenir son fameux plat. Tout devait être parfait s'il voulait faire bonne impression sur ses invités. À la tombée de la nuit, le bœuf bourguignon entend le bruit des roues d'un chariot qui s'approche sous la pluie. Le cœur battant, il se dépêche d'allumer des bougies et de mettre la touche finale à son repas. Les invités sont là. Le dîner a été un **succès** au-delà des rêves les plus fous du Bœuf Bourguignon. Son plat a reçu des critiques élogieuses, et même les invités les plus critiques ont dû admettre qu'il était **délicieux**. Il rayonne de fierté en acceptant leurs compliments, sentant qu'il est enfin arrivé en tant que chef.

Ce n'était que le début. Désormais, son nom serait connu dans le monde entier pour ses talents culinaires. Il pourrait même devenir célèbre un jour. Mais pour l'instant, il se contente de profiter du moment présent et de savourer sa victoire durement gagnée. La tempête est passée depuis longtemps, mais le **souvenir** de cette nuit fatidique **hante** toujours **le** Bœuf Bourguignon. Il avait failli tout perdre, et ce n'est que par un coup de chance que son dîner avait été un succès. Pourtant, il était déterminé à ne pas laisser cette expérience le vaincre. Il continuera à **cuisiner** et à s'efforcer de devenir le meilleur chef de la ville, quels que soient les **obstacles qui se dresseront** sur son chemin. L'histoire du bœuf bourguignon est devenue une légende. Les gens parleront de cette nuit fatidique pendant des années, et son **plat** sera connu dans le monde entier.

dish. Everything had to be perfect if he wanted to make a good impression on his guests. As night began to fall, Boeuf bourguignon heard the sound of carriage wheels approaching through the rain. His heart skipped a beat as he hurried to light some candles and put the finishing touches on his meal. The guests were here. The dinner party was a **success** beyond Boeuf bourguignon's wildest dreams. His dish was met with rave reviews, and even the most critical of guests had to admit that it was **delicious**. He beamed with pride as he accepted their compliments, feeling like he had finally arrived as a chef.

This was just the **beginning**—from now on, his name would be known far and wide for his culinary skills. He might even become famous one day. But for now, he was content to enjoy the moment and savor his hard-earned victory. The storm had long since passed, but the **memory** of that fateful night still **haunted** Boeuf bourguignon. He had come so close to losing everything, and it was only by a stroke of luck that his dinner party had been a success. Still, he was determined not to let that experience defeat him. He would continue to **cook** and strive to become the best chef in town—no matter what **obstacles** stood in his way. Boeuf bourguignon's story became the stuff of legend. People would talk about that fateful night for years to come, and his **dish** became known far and wide.

Questions de compréhension

1. Quel est le nom du plat que prépare le protagoniste?

2. Pour quel genre d'événement le protagoniste prépare-t-il le plat?

3. Pourquoi le plat du protagoniste est-il spécial?

4. Que ressent le protagoniste à propos du dîner?

5. À quel bruit le protagoniste se réveille-t-il?

6. Comment le protagoniste réagit-il en entendant le son?

7. Quel est l'objectif du protagoniste pour le dîner?

8. Le dîner se déroule-t-il comme prévu?

9. Comment le protagoniste se sent-il après le dîner?

Comprehension Questions

1. What is the name of the dish that the protagonist is making?

2. What kind of event is the protagonist preparing the dish for?

3. Why is the protagonist's dish special?

4. How does the protagonist feel about the dinner party?

5. What sound does the protagonist wake up to?

6. How does the protagonist react upon hearing the sound?

7. What is the protagonist's goal for the dinner party?

8. Does the dinner party go as planned?

9. How does the protagonist feel after the dinner party?

Révolution française

C'était une nuit sombre et orageuse. C'était le genre de nuit qui vous fait croire que tout peut arriver. Et cette nuit-là, en 1789, il s'est passé quelque chose. C'était le début de la Révolution française. Le peuple français était **malheureux** depuis de nombreuses années. Ils étaient fatigués d'être gouvernés par un roi qui se souciait plus de lui-même que de ses sujets. Ils en avaient assez d'être taxés pour payer son style de vie **somptueux** alors qu'ils avaient du mal à joindre les deux bouts. Et ils étaient surtout fatigués de voir leurs amis et leurs familles mourir dans des guerres qu'il avait déclenchées juste pour le plaisir. Trop, c'est trop ! En cette nuit fatidique, un groupe d'hommes et de femmes **courageux** se sont rassemblés dans le centre de Paris pour demander à leur roi de changer. Ils voulaient la démocratie et l'**égalité**, et ils étaient prêts à se battre pour cela si nécessaire. Au fur et à mesure que la nouvelle se répandait dans la ville, de plus en plus de personnes se joignaient à la foule grandissante, jusqu'à ce qu'il y ait une armée en son sein, prête à affronter quiconque tenterait de les arrêter. Le roi, bien sûr, n'était pas prêt à abandonner son **pouvoir** sans se battre. Il a fait appel aux militaires pour réprimer le soulèvement, mais ils ont rapidement été **dépassés en nombre** et en qualité par les révolutionnaires. Les gens se sont battus avec passion et détermination, et en quelques jours, ils ont pris le contrôle de la ville.

French revolution

It was a dark and stormy night. It was the kind of night that made you believe that anything could happen. And on this particular night, in the year 1789, something did happen. It was the beginning of the French Revolution. The people of France have been **unhappy** for many years. They were tired of being ruled by a king who cared more about himself than his subjects. They were tired of being taxed to pay for his **lavish** lifestyle while they struggled to make ends meet. And they were especially tired of seeing their friends and families die in wars that he started just for fun. Enough was enough! On this fateful night, a group of **brave** men and women gathered together in the center of Paris to demand change from their king. They wanted democracy and **equality**, and they were willing to fight for it if necessary. As word spread throughout the city, more and more people joined the growing crowd, until there was an army at its core, ready to take on anyone who tried to stop them. The king, of course, was not about to give up his **power** without a fight. He called in the military to quell the uprising, but they were quickly **outnumbered** and outmatched by the revolutionaries. The people fought with passion and determination, and within days they had taken control of the city.

The revolution has begun! For months, the **fighting** continued as the revolutionaries tried to spread their **message** throughout France. They met with resistance from those who still supported the king, but eventually they won over enough hearts and minds to make real

La révolution a commencé ! Pendant des mois, les **combats** se poursuivent alors que les révolutionnaires tentent de diffuser leur **message** dans toute la France. Ils se heurtent à la résistance de ceux qui soutiennent encore le roi, mais ils finissent par gagner suffisamment de cœurs et d'esprits pour faire de réels progrès. Finalement, après des années de lutte, la démocratie est déclarée victorieuse et le roi Louis XVI est **renversé**. La Révolution française était terminée... du moins c'est ce qu'il semblait. Malheureusement, la nouvelle démocratie n'a pas duré longtemps. Le peuple est divisé sur le type de gouvernement qu'il souhaite, et une nouvelle guerre civile éclate rapidement. Cette fois, elle a été encore **plus sanglante** que la première, les **frères** se battant les uns contre les autres. Le pays est dans le chaos, mais de ce chaos, un nouveau leader émerge. Il s'appelait Napoléon Bonaparte, et il a rapidement accédé au pouvoir en promettant d'apporter l'ordre à cette nation **chaotique**. Et pendant un temps, il semblait qu'il allait réussir.

progress. Finally, after years of struggle, democracy was declared victorious and King Louis XVI was **overthrown**. The French Revolution had come to an end... or so it seemed. Unfortunately, the new democracy didn't last long. The people were divided on what kind of government they wanted, and before long, there was another civil war. This time, it was even **bloodier** than the first, as **brother** fought against brother. The country was in chaos, but out of that chaos, a new leader emerged. His name was Napoleon Bonaparte, and he quickly rose to power by promising to bring order to the **chaotic** nation. And for a time, it seemed like he would succeed.

Questions de compréhension

1. Qu'est-ce que la Révolution française?

2. Pourquoi les Français étaient-ils mécontents?

3. Quelle nuit la Révolution française a-t-elle commencé?

4. Qui s'est rassemblé dans le centre de Paris?

5. Que voulait ce groupe de personnes?

6. Que s'est-il passé lorsque le roi a fait appel à l'armée?

7. Pendant combien de temps les combats ont-ils duré?

8. Qu'est-ce qui a été déclaré victorieux après des années de lutte?

9. Qu'est-ce qui n'a pas duré longtemps après la Révolution française ?

Comprehension Questions

1. What was the French Revolution?

2. What were the people of France unhappy about?

3. On what night did the French Revolution start?

4. Who gathered together in the center of Paris?

5. What did the group of people want?

6. What happened when the king called in the military?

7. For how long did the fighting continue?

8. What was declared victorious after years of struggle?

9. What didn't last long after the French Revolution?

Monet

Le soleil se couche, et le ciel s'embrase de couleurs. Monet était assis sur la rive de la **rivière**, peignant la scène devant lui. La lumière dansait sur l'eau, créant un **millier de** teintes différentes. Le pinceau de Monet volait sur la toile, capturant tout. Il a toujours été attiré par la couleur. Enfant, il passait des heures à contempler des **arcs-en-ciel** et des couchers de soleil. Sa mère avait l'habitude de lui dire qu'il était né avec un **pinceau à** la main. Et elle avait raison : dès son plus jeune âge, Monet savait qu'il voulait être un artiste. À vingt-cinq ans, il était l'un des peintres les plus célèbres de France. Il avait exposé ses œuvres à Paris et à Londres, et ses peintures étaient recherchées par les **collectionneurs de** toute l'Europe. Mais quel que soit son succès, Monet est toujours resté humble ; pour lui, l'art n'était pas une question de gloire ou de fortune - il s'agissait simplement d'exprimer la beauté par la **couleur**.

Ce soir, Monet peignait l'un de ses sujets favoris : la Seine. Il avait toujours été fasciné par la façon dont l'**eau** changeait de couleur selon l'heure du jour et les conditions **météorologiques**. C'était comme une toile vivante, en constante évolution. Il plongea son pinceau dans la **peinture** et commença à travailler. La lumière déclinait rapidement, mais cela ne le dérangeait pas ; il aimait peindre au crépuscule. Il y avait quelque chose de **magique**, comme si tout était possible. Soudain, il entendit des bruits de pas derrière lui. Il se retourne pour voir une jeune femme marcher

Monet

The sun was setting, and the sky was ablaze with colors. Monet sat on the bank of the **river**, painting the scene before him. The light danced on the water, creating a **thousand** different hues. Monet's brush flew across the canvas, capturing it all. He had always been drawn to color. As a child, he would spend hours staring at **rainbows** and sunsets. His mother used to tell him that he was born with a **paintbrush** in hand. And she was right-from an early age, Monet knew that he wanted to be an artist. At twenty-five years old, he was one of the most celebrated painters in France. He had exhibited his work in Paris and London, and his paintings were sought after by **collectors** all over Europe. But no matter how much success he achieved, Monet always remained humble; for him, art wasn't about fame or fortune-it was simply about expressing beauty through **color**.

Tonight, Monet was painting one of his favorite subjects: the river Seine. He had always been fascinated by the way the **water** changed color depending on the time of day and **weather** conditions. It was like a living canvas, constantly evolving. He dipped his brush into the **paint** and began to work. The light was fading fast, but he didn't mind; he loved painting in the twilight hours. There was something **magical** about it-as if anything were possible. Suddenly, he heard footsteps behind him. He turned around to see a young woman walking towards him. She looked lost and confused, and Monet

vers lui. Elle semblait perdue et confuse, et Monet ne pouvait s'empêcher d'être attiré par elle. Alors qu'elle se rapprochait, Monet a pu voir qu'elle était très **belle**. Elle avait de longs **cheveux** noirs et des yeux bleus perçants. Elle lui rappelait quelqu'un... mais il n'arrivait pas à savoir qui c'était.

"Excusez-moi", dit-elle doucement, "Savez-vous où je suis?" "Vous êtes en France", répond Monet en souriant, "mais plus précisément, vous vous trouvez devant mon chevalet". La femme a l'air **surprise**. Je suis désolée, je ne voulais pas m'imposer... Je cherche juste quelqu'un. "Qui cherchez-vous?" demande Monet avec curiosité. "Je m'appelle Anna", répond-elle. "Je cherche un **artiste** qui s'appelle Claude Monet." Le coeur de Monet a fait un bond quand il l'a entendue dire son nom. Serait-ce la même Anna qu'il avait connue autrefois? Il ne l'avait pas vue depuis qu'ils étaient tous deux **enfants**. Mais ça ne peut pas être une coïncidence, n'est-ce pas? Sans un mot de plus, Monet remballe ses peintures et ses pinceaux. Puis, sans réfléchir davantage, il prend la main d'Anna et l'emmène loin de la rive. Ils **marchent dans les** rues de Paris jusqu'à ce qu'ils atteignent son **atelier**. Une fois à l'intérieur, Monet dit à Anna : "C'est vraiment bon de te revoir après toutes ces années." "C'est bon de te voir aussi", répondit-elle en souriant. "Mais comment connais-tu mon nom? Nous ne nous sommes jamais rencontrés, n'est-ce pas? " "Non", dit Monet lentement, "mais je pense que nous avons pu nous connaître dans une **autre** vie".

couldn't help but feel drawn to her. As she got closer, Monet could see that she was very **beautiful**. She had long, dark **hair** and piercing blue eyes. She reminded him of someone... but he couldn't quite place who it was.

"Excuse me," she said softly, "Do you know where I am?" "You're in France," replied Monet with a smile. "But more specifically, you're standing in front of my easel." The woman looked **surprised**. I'm sorry, I didn't mean to intrude... I'm just looking for someone. " "Who are you looking for?" asked Monet curiously. "My name is Anna," she replied. "I'm looking for an **artist** named Claude Monet." Monet's heart skipped a beat when he heard her say his name. Could this be the same Anna that he had once known? He hadn't seen her since they were both **children**. But it couldn't be a coincidence, could it? Without another word, Monet packed up his paints and brushes. And then, without thinking any further, he took Anna's hand and led her away from the riverbank. They **walked** through the streets of Paris until they reached his **studio**. Once inside, Monet said to Anna, "It's really good to see you again after all these years." "It's good to see you too," she replied, with a smile. "But how do you know my name? We've never met before, have we? " "No," said Monet slowly, "but I think we might have known each other in **another** life."

Questions de compréhension

1. Que représente l'art pour Monet?

2. Pourquoi Monet est-il attiré par la femme qu'il rencontre?

3. A quoi la femme lui fait-elle penser?

4. Où Monet emmène-t-il la femme qu'il rencontre?

5. Comment Monet connaît-il la femme qu'il rencontre?

6. Quel est le sujet que Monet préfère peindre?

7. À quel moment de la journée Monet préfère-t-il peindre?

8. Dans quel autre endroit l'œuvre de Monet est-elle exposée?

9. Que pense Monet de son succès?

10. Quand Monet a-t-il vu pour la dernière fois la femme qu'il rencontre?

Comprehension Questions

1. What does Monet say art is to him?

2. Why is Monet drawn to the woman he meets?

3. What does the woman remind him of?

4. Where does Monet take the woman he meets?

5. How does Monet know the woman he meets?

6. What is Monet's favorite subject to paint?

7. What time of day does Monet prefer to paint?

8. In what other location is Monet's work displayed?

9. How does Monet feel about his success?

10. When did Monet last see the woman he meets?

Festival du film de Cannes

Le Festival de Cannes est l'un des événements les plus **prestigieux** de l'industrie cinématographique. Chaque année, la crème de la crème d'Hollywood descend sur la Côte d'Azur pour deux semaines de paillettes, de glamour et de **magie** cinématographique. Cette année n'a pas dérogé à la règle, puisque des vedettes du monde entier sont venues participer à ce que l'on appelle désormais "l'expérience ultime du festival du film". Pour l'actrice en herbe Lily James, participer au festival de Cannes était un rêve devenu réalité. Elle a toujours voulu faire partie de l'**action** et voir de près comment les plus grands noms d'Hollywood opèrent. Aussi, lorsqu'elle a reçu une invitation à participer au **festival de** cette année en tant qu'invitée de son ami et camarade acteur Ryan Gosling, elle n'a pas pu dire non. Lily est arrivée le premier jour du festival et s'est immédiatement sentie comme un **poisson** hors de l'eau. Elle n'avait pas l'habitude d'être entourée de tant de richesse et de luxe. Mais elle s'est vite retrouvée au cœur de l'effervescence, profitant de chaque minute de son séjour à Cannes. Elle a assisté à des fêtes organisées par de **grands** studios, a côtoyé les plus grandes stars d'Hollywood et a même décroché un rôle très convoité dans un prochain film à succès réalisé par Quentin Tarantino lui-même ! C'était tout ce dont elle aurait pu rêver, et plus encore.

Cannes film festival

The Cannes Film Festival is one of the most **prestigious** events in the film industry. Every year, the best and brightest in Hollywood descend upon the French Riviera for two weeks of glitz, glamor, and movie-making **magic**. This year was no different, as A-listers from all over the world came to take part in what has become known as "the ultimate film festival experience." For aspiring actress Lily James, attending Cannes was a dream come true. She had always wanted to be a part of the **action** and see first-hand how the biggest names in Hollywood operate. So when she got an invitation to attend this year's **festival** as a guest of her friend and fellow actor Ryan Gosling, she couldn't say no. Lily arrived on the first day of the festival and immediately felt like a **fish** out of water. She wasn't used to being surrounded by so much wealth and luxury. But she soon found herself caught up in all the excitement, enjoying every minute of her time in Cannes. She attended parties hosted by **major** studios, rubbed elbows with some of Hollywood's biggest stars, and even walked away with a coveted role in an upcoming blockbuster film directed by Quentin Tarantino himself! It was everything she could have ever dreamed of—and more.

The next few days passed in a blur for Lily. She was up early each **morning**, attending press conferences and red carpet events during the day, and then hitting

Les jours suivants se sont écoulés dans un flou total pour Lily. Elle se levait tôt chaque **matin**, assistait à des conférences de presse et à des événements sur le tapis rouge pendant la journée, puis se rendait aux soirées le soir. Elle en appréciait chaque minute, mais elle commençait aussi à se sentir un peu **dépassée**. Un soir, elle s'est retrouvée assise au bord du **balcon de** son hôtel, à contempler les lumières scintillantes de Cannes. Tout était si beau, mais aussi si écrasant. Soudain, elle a senti quelqu'un s'asseoir à côté d'elle et poser une main **réconfortante** sur son épaule. C'était Ryan Gosling. Il avait gardé un œil sur elle de loin et pouvait voir qu'elle commençait à être dépassée par les événements. Il a donc décidé d'aller la voir et de s'assurer qu'elle allait **bien**. Ils sont restés assis ensemble pendant un moment, à discuter et à profiter de la compagnie de l'autre sous les étoiles"("Je suis si heureux que tu sois là, Lily", a finalement dit Ryan. Ce festival peut être très difficile à gérer, mais c'est aussi une **expérience** incroyable. Je suis juste heureux que tu puisses la partager avec moi. "

Lily lui a souri et a appuyé sa tête contre son épaule. Elle était **reconnaissante** pour son amitié et pour tout ce qu'il avait fait pour elle ces derniers jours. Grâce à lui, elle passait le meilleur moment de sa vie à Cannes. Le reste du festival est passé dans un tourbillon pour Lily. Elle a assisté à d'autres fêtes, a marché sur d'autres tapis **rouges** et a même réussi à décrocher quelques interviews avec de grands **médias**. Mais à travers tout ça, elle a gardé Ryan près d'elle.

the parties at night. She was loving every minute of it, but she was also starting to feel a bit **overwhelmed**. One evening, she found herself sitting on the edge of her hotel **balcony**, gazing out at the twinkling lights of Cannes below. It was all so beautiful, but also so overwhelming. Suddenly, she felt someone sit down next to her and put a **comforting** hand on her shoulder. It was Ryan Gosling. He had been keeping an eye on her from afar and could tell that she was starting to get overwhelmed by everything. So he decided to check on her and see if she was doing **alright**. They sat there together for a while, just talking and enjoying each other's company under the stars."("I'm so glad you're here, Lily," Ryan said eventually. This festival can be a lot to handle, but it's also an incredible **experience**. I'm just happy that you get to share it with me. "

Lily smiled at him and leaned her head against his shoulder. She was **grateful** for his friendship and for everything he had done for her over the past few days. Thanks to him, she was having the time of her life at Cannes. The rest of the festival passed by in a whirlwind for Lily. She attended more parties, walked more **red** carpets, and even managed to snag a few interviews with some major **media** outlets. But through it all, she kept Ryan close by her side.

Questions de compréhension

1. Qu'est-ce que le Festival de Cannes?

2. Quelle est l'importance du Festival de Cannes?

3. Qui a participé au Festival de Cannes cette année?

4. Quelle a été l'expérience de Lily James au Festival du film de Cannes?

5. Comment Ryan Gosling a-t-il aidé Lily James au Festival de Cannes?

6. Qu'ont fait Lily James et Ryan Gosling à la fin du festival?

7. Qu'est-il arrivé à Lily James après le Festival de Cannes?

8. Quel est le film dans lequel Lily James a joué après le Festival de Cannes?

9. Comment le film a-t-il été accueilli après sa sortie?

Comprehension Questions

1. What is the Cannes Film Festival?

2. What is the significance of the Cannes Film Festival?

3. Who attended the Cannes Film Festival this year?

4. What was Lily James' experience at the Cannes Film Festival?

5. How did Ryan Gosling help Lily James at the Cannes Film Festival?

6. What did Lily James and Ryan Gosling do at the end of the festival?

7. What happened to Lily James after the Cannes Film Festival?

8. What was the movie that Lily James starred in after the Cannes Film Festival?

9. How did the movie do after it was released?

Camembert

La première fois que j'ai goûté du camembert, c'était lors d'un voyage en France avec ma famille. Nous séjournions dans un petit **village de** la vallée de la Loire et, un soir, nous avons décidé de nous rendre à la fromagerie locale. Le commerçant nous a accueillis chaleureusement et nous a offert à chacun un morceau de ce fromage doux et **crémeux** sur une baguette croustillante. C'était le coup de foudre. Depuis lors, j'ai toujours eu un faible pour le camembert. Chaque fois que je le vois sur un menu ou à l'épicerie, je ne peux pas résister à l'envie de l'acheter. Même s'il n'est pas vraiment **bon marché**, il vaut chaque centime pour ce moment de pur bonheur où l'on prend la première bouchée. Ce soir, je m'offre un dîner spécial composé de poulet **rôti** maison, de pommes de terre au romarin et, bien sûr, de camembert cuit dans son petit plat **en céramique**. Rien que d'y penser, j'en ai l'eau à la bouche. Je mets la table avec mes meilleures assiettes et mes meilleurs verres, j'allume une bougie et je me sers un verre de vin blanc. Puis je me dirige vers la cuisine pour vérifier la nourriture. Le **poulet** était presque prêt, alors je l'ai mis sous le gril pour le faire dorer quelques minutes. Les pommes de terre sont croustillantes et dorées, comme je les aime. Et le camembert commence à suinter de sa croûte - parfait !

J'ai tout mis dans mon assiette et je me suis assis à la table. Prendre cette première bouchée de fromage

Camembert

The first time I ever tasted Camembert was on a trip to France with my family. We were staying in a small **village** in the Loire Valley, and one evening we decided to wander into the local fromagerie. The shopkeeper greeted us warmly and offered us each a piece of the soft, **creamy** cheese on a crusty baguette. It was love at first bite. Since then, I've always been partial to Camembert. Whenever I see it on a menu or in the grocery store, I can't resist buying it. Even though it's not exactly **cheap**, it's worth every penny for that moment of pure bliss when you take that first bite. Tonight, I'm treating myself to a special dinner of homemade **roasted** chicken with rosemary potatoes and, of course, Camembert baked in its own little **ceramic** dish. Just thinking about it makes my mouth water. I set the table with my best plates and glasses, lit a candle, and poured myself a glass of white wine. Then I head into the kitchen to check on the food. The **chicken** was almost ready, so I put it under the grill to brown for a few minutes. The potatoes are crispy and golden, just how I like them. And the Camembert is starting to ooze out of its rind-perfect!

I dished everything up onto my plate and sat down at the table. Taking that first bite of cheesy goodness is pure **heaven**... better than any restaurant meal I've ever had! As I savor every last scrap of food on my plate, I know that this will be one dinner that I'll always remember fondly. Tonight, I'm sharing my love

est un pur **délice...** meilleur que n'importe quel repas de restaurant que j'ai pu manger ! Alors que je savoure chaque morceau de nourriture dans mon assiette, je sais que c'est un dîner dont je me souviendrai toujours avec émotion. Ce soir, je partage mon amour du camembert avec mes propres enfants. Ils n'en ont jamais mangé auparavant, alors je suis impatiente de voir leur **réaction**. Comme prévu, ils sont tous deux sceptiques à la première bouchée. Mais après quelques bouchées supplémentaires (et un peu de conviction de ma part), ils sont tous les deux accros ! Il semble que nous aurons plus souvent du camembert au dîner à partir de maintenant. Mes goûts changent et évoluent avec l'âge. Mais une chose qui est restée constante, c'est mon **amour** pour le camembert. Ces jours-ci, j'aime **expérimenter** avec différentes recettes et associations. Je l'ai essayé avec toutes sortes de fruits, de confitures et même de **charcuterie**. C'est toujours délicieux !

Ce soir, je me sens d'humeur **aventureuse**, alors j'ai décidé d'essayer quelque chose de nouveau : faire griller le camembert sur une brochette à la flamme. Le résultat est incroyable ! Le fromage devient tout gluant et fondant à l'intérieur tout en restant **ferme** à l'extérieur. C'est absolument divin et cela vaut la peine d'essayer à la maison si vous vous sentez assez **courageux**. Il n'y a rien de tel qu'un morceau de camembert chaud et gluant. Mais parfois, j'aime mélanger les choses et les manger froids. Cela peut paraître étrange, mais croyez-moi, c'est délicieux !

of Camembert with my own children. They've never had it before, so I'm excited to see their **reaction**. As expected, they're both skeptical at first bite. But after a few more mouthfuls (and some convincing from me), they're both hooked! It looks like we'll be having Camembert for dinner more often from now on. My tastes change and evolve as I get older. But one thing that has remained constant is my **love** for Camembert. These days, I like to **experiment** with different recipes and pairings. I've tried it with all sorts of fruits, jams, and even cured **meats**. It's always delicious!

Tonight, I'm feeling **adventurous**, so I decided to try something new: grilling the Camembert on a skewer over an open flame. The result is amazing! The cheese gets all gooey and melty on the inside while remaining **firm** on the outside. It's absolutely divine-and definitely worth trying at home if you're feeling **brave** enough. There's nothing quite like a warm, gooey piece of Camembert. But sometimes, I like to mix things up and have them cold. It might sound strange, but trust me— it's delicious!

Questions de compréhension

1. Quel est le premier souvenir de l'auteur concernant le camembert?

2. Qu'a fait le commerçant lorsque l'auteur et sa famille sont entrés dans la fromagerie?

3. Que dit l'auteur du camembert par rapport aux repas de restaurant?

4. Qu'est-ce que l'auteur fait de différent avec le camembert quand elle se sent aventureuse?

5. Comment l'auteur mange-t-il habituellement le camembert?

6. Que dit l'auteur à propos du goût du camembert?

7. Que dit l'auteur à propos du prix du camembert?

Comprehension Questions

1. What is the author's first memory of Camembert?

2. What did the shopkeeper do when the author and her family came into the fromagerie?

3. What does the author say about Camembert in comparison to restaurant meals?

4. What does the author do differently with Camembert when she feels adventurous?

5. How does the author usually eat Camembert?

6. What does the author say about the taste of Camembert?

7. What does the author say about the price of Camembert?

Le Louvre

Le Louvre était autrefois un grand **palais**, où vivaient les rois et les reines de France. Mais aujourd'hui, c'est un musée, rempli d'art et d'histoire. Les visiteurs viennent du monde entier pour voir la Joconde, la Vénus de Milo et d'autres œuvres d'art célèbres. Mais il y a une peinture qui n'est pas exposée. Elle est cachée dans une pièce **secrète**, au plus profond du Louvre. Cette peinture s'appelle "La Cène". Il a été peint par Léonard de Vinci, mais il n'a jamais été terminé. Certains disent que Léonard de Vinci l'a laissé inachevé parce qu'il savait qu'un jour il vaudrait plus que n'importe quel autre **tableau** dans le monde. Personne ne sait avec certitude pourquoi le tableau est **caché**. Mais certains pensent qu'elle contient un **message** secret de De Vinci lui-même. Un message qui pourrait changer le monde à jamais. Le Louvre est l'une des destinations touristiques les plus populaires de Paris. Mais ce jour-là, il n'y a qu'un seul visiteur. Une jeune femme nommée Sarah. Elle est venue voir le tableau de la Cène. Sarah sait que le tableau est **inachevé**. Mais elle sait aussi qu'il contient un message caché. Un message de Léonard de Vinci lui-même.

Elle a étudié le tableau pendant des années et elle est convaincue qu'elle peut **décoder le** message si elle parvient à l'observer de plus près. Mais lorsque Sarah tente d'entrer dans la pièce où est conservée la peinture, elle la trouve **fermée à clé**. Il doit y avoir

The Louvre

The Louvre was once a great **palace**, home to French kings and queens. But now it is a museum, filled with art and history. Visitors come from all over the world to see the Mona Lisa, the Venus de Milo, and other famous works of art. But there is one painting that is not on display. It is hidden away in a **secret** room, deep within the Louvre. This painting is called "The Last Supper." It was painted by Leonardo da Vinci, but it was never finished. Some say that Da Vinci left it unfinished because he knew that someday it would be worth more than any other **painting** in the world. No one knows for sure why the painting is **hidden** away. But some believe that it contains a secret **message** from da Vinci himself. A message that could change the world forever. The Louvre is one of the most popular tourist destinations in Paris. But on this day, there is only one visitor. A young woman named Sarah. She has come to see the Last Supper painting. Sarah knows that the painting is **unfinished**. But she also knows that it contains a hidden message. A message from Leonardo da Vinci himself.

She has studied the painting for years, and she is convinced that she can **decode** the message if she can just get a closer look at it. But when Sarah tries to enter the room where the painting is kept, she finds it **locked**. There must be another way in, she thinks to herself. She starts to search for a hidden door or secret passage. Sarah spends hours searching for a

un autre moyen d'entrer, se dit-elle. Elle commence
à chercher une porte cachée ou un passage secret.
Sarah passe des heures à chercher un moyen d'entrer
dans la pièce secrète, mais elle ne trouve rien. Elle est
sur le point d'abandonner lorsqu'elle entend quelqu'un
se diriger vers elle dans le **couloir**. C'est la sécurité !
Ils l'ont surprise en train de fouiner, et maintenant ils
vont la jeter hors du Louvre. Sarah est escortée hors
du Louvre par la sécurité. Mais elle ne se **décourage**
pas. Elle sait que le tableau contient un message de
Léonard de Vinci. Et elle est déterminée à le trouver.
Plus tard dans la nuit, Sarah retourne au Louvre. Elle
escalade la clôture et se faufile dans le bâtiment. Elle
se dirige vers la pièce secrète, et cette fois, elle trouve
une porte cachée. Elle **entre dans la** pièce, et là,
devant elle, se trouve "La Cène".

Sarah fixe le tableau pendant des **heures**, essayant de
décoder le message de Léonard de Vinci. Mais elle ne
parvient pas à le comprendre. Alors qu'elle est sur le
point d'abandonner, elle voit quelque chose **scintiller**
dans le clair de lune qui passe par la fenêtre. C'est une
clé ! Sarah prend la clé et déverrouille une petite **boîte**
cachée derrière "La Cène". À l'intérieur se trouvent des
instructions de Léonard de Vinci lui-même sur la façon
de décoder son message. Sarah est ravie d'avoir enfin
décodé le message de Léonard de Vinci. Mais elle
sait qu'elle ne peut en parler à personne. Le monde
n'est pas prêt pour les connaissances contenues dans
le tableau. Elle doit garder le secret, du moins pour
l'instant.

way into the secret room, but she can not find anything. She is about to give up when she hears someone coming down the **hall** towards her. It's security! They've caught her snooping around, and now they're going to throw her out of the Louvre. Sarah is escorted out of the Louvre by security. But she is not **discouraged**. She knows that the painting contains a message from Leonardo da Vinci. And she is determined to find it. Later that night, Sarah returns to the Louvre. She climbs over the fence and sneaks into the building. She makes her way to the secret room, and this time she finds a hidden door. She **enters** the room, and there in front of her is "The Last Supper."

Sarah stares at the painting for **hours**, trying to decode the message from Leonardo da Vinci. But she can not figure it out. Just as she is about to give up, she sees something **glinting** in the moonlight coming through the window. It's a **key**! Sarah takes the key and unlocks a small **box** hidden behind "The Last Supper." Inside are instructions from Leonardo da Vinci himself on how to decode his message. Sarah is thrilled to have finally decoded the message from Leonardo da Vinci. But she knows that she can not tell anyone about it. The world is not ready for the knowledge that is contained in the painting. She must keep it a secret, at least for now.

Questions de compréhension

1. Quel est le nom du tableau qui est caché au Louvre?

2. Qui a peint la Cène?

3. Pourquoi le tableau est-il caché?

4. Comment Sarah sait-elle que le tableau contient un message caché?

5. Que trouve Sarah lorsqu'elle décode le message de Léonard de Vinci?

6. Pourquoi Sarah ne peut-elle parler à personne du message qu'elle a trouvé?

7. Quel est le plan de Sarah pour financer ses propres recherches?

8. Que se passerait-il si l'on apprenait le message caché de la peinture?

Comprehension Questions

1. What is the name of the painting that is hidden away in the Louvre?

2. Who painted the Last Supper?

3. Why is the painting hidden away?

4. How does Sarah know that the painting contains a hidden message?

5. What does Sarah find when she decodes the message from Leonardo da Vinci?

6. Why can't Sarah tell anyone about the message she found?

7. What is Sarah's plan to finance her own research?

8. What would happen if word got out about the painting's hidden message?

Mont Blanc

L'air était **raréfié** et le froid mordant. Mais je m'en fichais. Cela faisait des années que je rêvais de ce moment - me retrouver enfin au sommet du Mont Blanc, la plus haute **montagne** d'Europe. J'ai commencé mon ascension tôt le matin, avant que le soleil n'ait eu le temps de réchauffer les choses. Au début, c'était difficile, mais j'ai vite trouvé mon **rythme** et je me suis installé à un rythme confortable. De temps en temps, je m'arrêtais pour reprendre mon souffle et admirer la vue magnifique qui m'entourait. À mesure que je prenais de l'altitude, le paysage changeait radicalement. Les champs **verts** et les forêts d'en bas avaient disparu au profit de rochers **déchiquetés** couverts de neige et de glace. Mais j'ai continué à avancer, jusqu'à ce que j'atteigne le sommet. Il n'y avait pas grand-chose à voir là-haut - juste d'autres **rochers** couverts de neige - mais cela n'avait pas d'importance. J'ai réussi ! Contre toute attente, j'avais gravi le Mont Blanc.

La montée avait été longue et difficile, mais j'étais enfin au sommet du Mont Blanc. La vue était incroyable, je pouvais voir à des kilomètres dans toutes les directions. Mais plus que cela, j'ai ressenti un sentiment d'**accomplissement**. C'était quelque chose que j'avais toujours voulu faire, et maintenant je l'ai fait ! J'ai savouré ce moment aussi longtemps que possible avant d'entamer ma descente. La descente a été beaucoup plus facile que la montée, et j'ai rapidement retrouvé des altitudes **plus basses** où l'air était plus épais et la **température** plus chaude. Alors que je

Mont Blanc

The air was **thin** and the cold was biting. But I didn't care. I had been dreaming of this moment for years—finally standing on top of Mont Blanc, the tallest **mountain** in Europe. I started my ascent early in the morning, before the sun had a chance to warm things up. The going was tough at first, but I soon found my **rhythm** and settled into a comfortable pace. Every now and then, I would stop to catch my breath and take in the stunning views around me. As I got higher and higher, the landscape changed dramatically. Gone were the **green** fields and forests of lower down; in their place were **jagged** rocks covered in snow and ice. But I still pressed on, until eventually I reached the summit. There wasn't much to see up there-just more **rocks** covered in snow-but it didn't matter. I made it! Against all odds, I had climbed Mont Blanc.

It had been a long, hard **climb**, but finally I was standing on top of Mont Blanc. The views were incredible—I could see for miles in every direction. But more than that, I felt a sense of **achievement**. This was something I had always wanted to do, and now I have done it! I savored the moment for as long as I could before starting my descent. Going down was much easier than coming up, and soon enough I was back at **lower** altitudes where the air was thicker and the **temperature** warmer. As I made my way back to **civilization**, all sorts of emotions ran through my mind—pride, joy, satisfaction. It had been an epic

retournais vers la **civilisation**, toutes sortes d'émotions me traversaient l'esprit : fierté, joie, satisfaction. Ce fut un voyage épique, tant sur le plan physique que mental, mais qui en valait vraiment la peine. C'était le rêve de **toute une vie** d'escalader le Mont Blanc, et j'y étais enfin parvenu. Le sentiment d'accomplissement était indescriptible lorsque je me tenais au sommet et que je regardais la vue imprenable dans toutes les directions.

Mais le voyage n'a pas été facile. Il y a eu des moments où j'ai cru que je n'allais pas y arriver, mais j'ai trouvé la **force** de continuer. Maintenant que c'était terminé, je pouvais regarder en arrière avec fierté et **satisfaction**. J'ai vécu une expérience incroyable du début à la fin, une expérience qui restera gravée dans ma mémoire pour le reste de ma vie. Et qui sait, peut-être qu'un jour, je reviendrai pour tenter à nouveau de **conquérir la** plus haute montagne d'Europe. J'ai toujours voulu escalader le Mont Blanc, mais je n'ai jamais pensé que je le ferais. Mais j'étais là, debout sur le **sommet**, avec un sentiment d'accomplissement comme jamais auparavant. L'ascension a été difficile, avec plus d'un défi en cours de route. Mais cela n'a fait que rendre la **victoire** encore plus douce. Maintenant, je peux regarder en arrière et dire que j'ai fait quelque chose que la plupart des gens ne font qu'espérer : escalader le Mont Blanc ! La vue du sommet était **incroyable**, mais le sentiment d'accomplissement était encore meilleur. C'était quelque chose dont je me souviendrais pour le reste de ma vie, et j'espère qu'un jour prochain, je pourrai le refaire.

journey, both physically and mentally, but one that was definitely worth it in the end. It had been a **lifelong** dream to climb Mont Blanc, and finally I had done it. The sense of achievement was indescribable as I stood on the summit, looking out at the stunning views in every direction.

But the journey up hadn't been easy. There were times when I thought I wasn't going to make it, but somehow I found the **strength** to keep going. Now that it was over, I could look back on it with pride and **satisfaction**. It had been an incredible experience from start to finish, one that would stay with me for the rest of my life. And who knows-maybe someday soon I'll be back for another attempt at **conquering** Europe's highest mountain. I had always wanted to climb Mont Blanc, but never thought I would actually do it. But there I was, standing on the **summit**, feeling a sense of achievement like never before. It had been a tough journey up, with more than a few challenges along the way. But that just made the **victory** all the sweeter. Now I could look back on it and say that I did something most people only dream of doing-climbing Mont Blanc! The views from the top were **incredible**, but even better was the feeling of accomplishment. This was something I would remember for the rest of my life, and hopefully someday soon I'll be able to do it again

Questions de compréhension

1. Quel était le but de l'auteur en escaladant le Mont Blanc?

2. Qu'a ressenti l'auteur en atteignant le sommet?

3. Quelle a été la partie la plus difficile de l'ascension pour l'auteur?

4. Comment le paysage changeait-il au fur et à mesure que l'auteur montait en altitude?

5. Pourquoi le sentiment d'accomplissement était-il indescriptible pour l'auteur?

6. Comment l'auteur s'est-il senti après avoir terminé l'ascension?

7. Quelles émotions l'auteur a-t-il ressenties pendant l'ascension?

8. À quoi l'auteur a-t-il pensé en descendant la montagne?

9. Quelle a été la réaction de l'auteur après la conquête du Mont Blanc?

Comprehension Questions

1. What was the author's goal in climbing Mont Blanc?

2. How did the author feel upon reaching the summit?

3. What was the most difficult part of the climb for the author?

4. How did the landscape change as the author climbed higher?

5. Why was the sense of achievement indescribable for the author?

6. How did the author feel after completing the climb?

7. What emotions did the author experience during the climb?

8. What did the author think about while descending the mountain?

9. What was the author's reaction to conquering Mont Blanc?

Champagne

La première fois que j'ai goûté du champagne, c'était lors d'une **soirée du** Nouvel An. Mes amis et moi étions serrés autour de la table de la **cuisine**, riant et plaisantant en attendant que minuit arrive. Nous avions chacune apporté notre propre bouteille de champagne, et lorsque l'horloge a sonné douze coups, nous les avons toutes ouvertes et applaudies. Les **bulles** ont chatouillé mon nez lorsque j'ai pris une gorgée, et le goût ne ressemblait à rien de ce que j'avais connu auparavant. C'était doux et léger, avec juste une pointe d'acidité. J'avais l'impression de flotter sur un **nuage** en sirotant mon champagne ce soir-là, et il est rapidement devenu ma nouvelle boisson préférée. Depuis lors, le champagne a toujours été associé à des occasions spéciales dans mon esprit. Qu'il s'agisse de fêter un anniversaire ou de célébrer la nouvelle année, ouvrir une bouteille de champagne donne toujours l'impression de quelque chose de spécial. Et même si le champagne peut être dégusté à n'importe quelle heure du jour ou de la nuit, il y a quelque chose dans le fait de le **boire** le matin qui me fait me sentir encore plus **chic** ! Alors cette année, quand le jour de l'an est revenu, j'ai décidé de commencer 2019 en m'offrant un petit déjeuner au champagne.

J'ai ouvert une bouteille de Veuve Clicquot Yellow Label Brut NV et je me suis versé un **verre**. Puis je me suis assise à la table de ma cuisine avec mon ordinateur portable pour vérifier mes e-mails et profiter de mon délicieux début d'année. Je ne sais pas ce qui

Champagne

The first time I ever tasted champagne, I was at a New Year's Eve **party**. My friends and I were all huddled around the **kitchen** table, laughing and joking as we waited for midnight to arrive. We had each brought our own bottle of bubbly, and when the clock struck twelve, we all popped them open and cheered. The **bubbles** tickled my nose as I took a sip, and the taste was like nothing I'd ever experienced before. It was sweet and light, with just a hint of acidity. I felt like I was floating on a **cloud** as I sipped my champagne that night, and it quickly became my new favorite drink. Since then, champagne has always been associated with special occasions in my mind. Whether it's celebrating a birthday or ringing in the New Year, popping open a bottle of bubbly always feels like something special. And even though champagne can be enjoyed any time of day or night, there's something about **drinking** it in the morning that makes me feel extra **fancy**! So this year, when New Year's Day rolled around again, I decided to start off 2019 by treating myself to some breakfast Champagne.

I popped open a bottle of Veuve Clicquot Yellow Label Brut NV and poured myself a **glass**. Then I sat down at my kitchen table with my laptop to check emails and enjoy my delicious start to the new year. I'm not sure what got into me that day, but for some reason, the champagne tasted even **better** than usual. I kept sipping away at my glass as I worked, and before long,

m'a pris ce jour-là, mais pour une raison quelconque, le champagne avait un goût encore **meilleur** que d'habitude. J'ai continué à siroter mon verre pendant que je travaillais et j'ai fini la bouteille entière en un rien de temps ! Comme je me sentais un peu **pompette**, j'ai décidé de m'en offrir une autre. J'ai donc ouvert une autre bouteille de Veuve Clicquot et je me suis versé un autre verre. À l'heure du déjeuner, je me sentais plutôt **bien**. Le champagne m'avait définitivement mis d'humeur festive, et j'ai décidé d'appeler quelques amis pour voir s'ils voulaient se retrouver pour déjeuner. Quelques-uns d'entre eux étaient libres, alors nous nous sommes retrouvés dans un **restaurant** voisin. Nous avons tous commandé des sandwiches et des salades, et, bien sûr, encore du champagne. Nous avons fini par rester au restaurant jusqu'à sa fermeture, en riant et en discutant tout le temps. C'était une façon si **amusante** de commencer la nouvelle année.

Après le déjeuner, nous nous sommes tous dit au revoir et avons pris des chemins différents. Je me sentais assez fatiguée à ce moment-là, mais je n'étais pas encore prête à rentrer chez moi. J'ai donc décidé de faire une promenade dans la ville. Les rues étaient pleines de gens qui profitaient de la journée **ensoleillée**. Je suis passée devant un groupe d'**adolescents** qui riaient et plaisantaient en buvant une bouteille de champagne, et cela m'a fait sourire. J'ai fini par rentrer chez moi, mais même si j'étais **fatiguée**, je ne voulais pas que la journée se termine tout de suite.

I had finished the entire bottle! Feeling a bit **buzzed**, I decided to treat myself to another one. So I popped open another bottle of Veuve Clicquot and poured myself another glass. By lunchtime, I was feeling pretty **good**. The Champagne had definitely put me in a festive mood, and I decided to call some friends to see if they wanted to meet for lunch. A few of them were free, so we met up at a nearby **restaurant**. We all ordered sandwiches and salads, and, of course, more Champagne. We ended up staying at the restaurant until it closed, laughing and chatting the whole time. It was such a **fun** way to start off the new year.

After lunch, we all said our goodbyes and went our separate ways. I was feeling pretty buzzed by this point, but I wasn't ready to go home just yet. So I decided to take a walk around the city. The streets were busy with people out and about, enjoying the **sunny** day. I walked past a group of **teenagers** who were laughing and joking as they drank from a bottle of champagne, and it made me smile. I eventually made my way back home, but even though I was **tired**, I didn't want the day to end just yet. So I popped open another bottle of bubbly and poured myself a glass. It was such a perfect way to spend New Year's Day, and I knew that 2019 was going to be an **amazing** year. The next morning, I woke up with a bit of a headache. But even though I was feeling a little worse for wear, I still had fond memories of the previous day. It was definitely one of the best New Year's Days that I'd ever had, and it was all thanks to the champagne.

Questions de compréhension

1. Quelle a été la première expérience de l'auteur avec le champagne?

2. Comment l'auteur s'est-il senti après avoir bu du champagne au petit-déjeuner?

3. Qu'a fait l'auteur quand il a vu le groupe d'adolescents?

4. Pourquoi l'année 2019 a-t-elle été l'un des meilleurs réveillons de l'auteur?

5. Quelle est l'opinion de l'auteur sur le champagne?

6. A quoi le champagne fait-il penser pour l'auteur?

7. Quel goût avait le champagne pour l'auteur le jour de l'an?

8. Qu'est-ce que l'auteur a mangé à midi?

9. Qu'a fait l'auteur en rentrant chez lui?

Comprehension Questions

1. What was the author's first experience with champagne?

2. How did the author feel after drinking champagne for breakfast?

3. What did the author do when they saw the group of teenagers?

4. Why was 2019 one of the author's best New Year's Days?

5. What is the author's opinion of champagne?

6. What does champagne remind the author of?

7. How did the champagne taste to the author on New Year's Day?

8. What did the author have for lunch?

9. What did the author do when they got home?

La Tour Eiffel

La Tour Eiffel est l'un des monuments les plus **emblématiques** du monde. Pour beaucoup, elle symbolise la ville de l'**amour**, Paris. Mais pour une femme, elle a une signification beaucoup plus personnelle. Claire avait toujours rêvé de visiter la tour Eiffel. Enfant, elle regardait souvent des photos de la tour et **imaginait** ce que ce serait de se tenir à son sommet et de voir la ville entière en dessous d'elle. Lorsqu'elle a enfin eu l'âge de **voyager, elle s'est assurée qu'**un voyage à Paris figurait en tête de sa liste. Elle est arrivée dans la **ville** par une belle journée de printemps et est immédiatement tombée amoureuse de tout ce qui s'y trouvait. Les images, les sons et les odeurs étaient si différents de tout ce qu'elle avait connu auparavant. Elle passe chaque jour **à explorer les** différents quartiers de Paris, mais garde toujours la Tour Eiffel pour la fin. Elle voulait savourer chaque moment de son expérience.

Pour son dernier jour dans la ville, elle s'est réveillée tôt et s'est rendue à la **tour**. Elle a été surprise de constater qu'il n'y avait pas de file d'attente pour entrer. Il semblait que tout le monde l'avait déjà vue et était passé à autre chose. Elle s'est dirigée vers le guichet et a demandé un **billet pour le** sommet. Le préposé lui dit que c'est 13,50 €. Claire hésite un moment, ne sachant pas si elle veut vraiment **dépenser** autant d'argent pour quelque chose d'aussi touristique, mais

The Eiffel Tower

The Eiffel Tower is one of the most **iconic** landmarks in the world. For many, it symbolizes the city of **love**, Paris. But for one woman, it holds a much more personal meaning. Claire had always dreamed of visiting the Eiffel Tower. As a child, she would often look at pictures of it and **imagine** what it would be like to stand at its summit and see the entire city below her. When she was finally old enough to **travel**, she made sure that a trip to Paris was at the top of her list. She arrived in the **city** on a beautiful spring day and immediately fell in love with everything about it. The sights, sounds, and smells were all so different from anything she had experienced before. She spent every day **exploring** different parts of Paris, but always saved visits to the Eiffel Tower for last. She wanted to savor every moment of her experience there.

On her final day in the city, she woke early and made her way to the **tower**. She was surprised to find that there was no line to get in. It seemed like everyone else had already seen it and moved on. She walked up to the ticket booth and asked for a **ticket** to the top. The attendant told her that it would be €13.50. Claire hesitated for a moment, unsure if she really wanted to **spend** that much money on something so touristy, but then decided that this was probably her only chance to see the view from the top of the Eiffel Tower. She took an **elevator** up to the first level of the tower and

elle décide que c'est probablement sa seule chance de voir la vue du sommet de la tour Eiffel. Elle a pris l'**ascenseur jusqu'**au premier niveau de la tour et est sortie sur l'un des ponts d'observation. La vue était encore plus époustouflante que ce qu'elle avait imaginé. Elle pouvait voir tout Paris s'étendre devant elle, avec ses **toits** sans fin et ses rues sinueuses menant à différents quartiers et districts. À ce moment-là, elle avait l'impression que tout était possible, qu'elle pouvait conquérir tout ce que la vie lui réservait tant qu'elle avait ce souvenir en tête. Alors qu'elle profitait de la vue, elle a remarqué que quelqu'un se dirigeait vers elle. C'était un homme, qui semblait avoir à peu près son âge. Il avait les cheveux et les yeux foncés, et portait un petit **sac à dos**. Quand il est arrivé à sa hauteur, il lui a demandé si elle parlait anglais. Elle acquiesce et il se présente comme Olivier.

Il s'est avéré qu'Olivier visitait également la Tour Eiffel pour la première fois. Ils ont entamé une conversation et se sont rapidement rendu compte qu'ils avaient beaucoup de choses en **commun**. Ils aimaient tous deux voyager et explorer de nouveaux endroits, et partageaient une passion pour la photographie. En discutant, ils ont réalisé qu'ils étaient tous deux originaires de New York, à seulement deux heures d'**avion l'un de l'autre**. Lorsqu'ils quittent la Tour Eiffel, c'est la fin de l'après-midi et ils sont tous deux affamés. Olivier propose de manger quelque chose dans un café voisin, et Claire accepte. Ils ont commandé des croque-monsieurs et des salades et les ont fait descendre avec des verres de vin rouge.

stepped out onto one of its observation decks. The views were even more breathtaking than she had imagined they would be. She could see all of Paris stretched out before her, with its endless **rooftops** and winding streets leading off into different neighborhoods and districts. At that moment, she felt like anything was possible; like she could conquer anything life threw at her as long as she had this memory to hold onto. As she was taking in the view, she noticed somebody walking towards her. It was a man, and he looked to be about her age. He had dark hair and eyes, and he was carrying a small **backpack**. When he reached her, he asked if she spoke English. She nodded, and he introduced himself as Olivier.

It turned out that Olivier was also visiting the Eiffel Tower for the first time. They struck up a conversation and quickly realized that they had a lot in **common**. They both loved traveling and exploring new places, and they shared a passion for photography. As they talked, they realized that they were both from New York City – just two hours away from each other by **plane**. By the time they left the Eiffel Tower, it was late afternoon, and they were both starving. Olivier suggested getting something to eat at a nearby café, and Claire agreed. They ordered croque monsieurs and salads and **washed** them down with glasses of red wine.

Questions de compréhension

1. Que symbolise la Tour Eiffel pour de nombreuses personnes?

2. Qu'est-ce que Claire imaginait de la Tour Eiffel lorsqu'elle était enfant?

3. Comment Claire s'est-elle sentie à son arrivée à Paris?

4. Pourquoi Claire a-t-elle gardé la visite de la tour Eiffel pour la fin de son séjour à Paris?

5. Quelle a été la réaction de Claire face à la vue depuis la Tour Eiffel?

6. Qui Claire a-t-elle rencontré à la tour Eiffel?

7. Qu'est-ce qu'Olivier et Claire avaient en commun?

8. D'où viennent Olivier et Claire?

Comprehension Questions

1. What does the Eiffel Tower symbolize for many people?

2. What did Claire imagine about the Eiffel Tower when she was a child?

3. How did Claire feel upon her arrival to Paris?

4. Why did Claire save visits to the Eiffel Tower for last during her stay in Paris?

5. What was Claire's reaction to the views from the Eiffel Tower?

6. Who did Claire meet at the Eiffel Tower?

7. What did Olivier and Claire have in common?

8. Where are Olivier and Claire from?

A la plage

Après le lever du soleil, les vagues sont plus fortes et le sable au-dessus de la marée est blanc. Je marche jusqu'à la plage, **admirant** la mer et le soleil. Mes orteils sentent les rainures des coquillages. Le sable est froid sur mes orteils. Je souris et je continue. La marée est haute, alors je dois faire attention à ne pas me laisser entraîner. Je marche le long du bord de l'eau, en admirant la mer. Le lever du soleil est **magnifique**, et les vagues s'écrasent. Je me sens si paisible. J'arrive à un endroit où il y a un affleurement rocheux. Je m'assieds et je regarde les vagues. L'eau est si bleue et le ciel est si **orange**. J'ai l'impression d'être dans un rêve. Je ferme les yeux et je me contente d'écouter les vagues. Je suis restée assise pendant un long moment, jusqu'à ce que j'entende quelqu'un m'appeler.

J'ouvre les yeux et je vois ma mère marcher vers moi. Elle a un air inquiet sur le visage. Je souris et je lui fais signe, et elle **se détend**. "Je me demandais où tu étais allée", dit-elle. "Je suis contente que tu profites de la plage." Je réponds : "J'en profite." "C'est tellement beau ici." "Je sais", dit-elle. "Je venais ici tout le temps quand j'avais ton âge." "Vraiment?" Je demande. "Ouais", répond-elle. "C'est un endroit spécial." "As-tu déjà rencontré quelqu'un de spécial ici?" Je demande. "Oui", répond-elle avec un sourire. "Ton père." "Vraiment?" Je dis, **surpris**. "Oui," dit-elle. "Nous avions l'habitude de venir ici tout le temps ensemble. C'est là que nous sommes tombés amoureux. " Je souris, **imaginant** mes parents tombant amoureux sur cette magnifique

At the beach

After sunrise, the waves are louder and the sand above the tide is white. I walk down to the beach, **admiring** the sea and the sun. My toes feel the grooves of shells. The sand is cold on my toes. I smile and keep going. The tide is high, so I have to be careful not to get pulled in. I walk along the water's edge, admiring the sea. The sunrise is **beautiful**, and the waves are crashing. I feel so peaceful. I come to a spot where there is a rock outcropping. I sit down and watch the waves. The water is so blue and the sky is so **orange**. I feel like I'm in a dream. I close my eyes and just listen to the waves. I sat there for a long time, until I heard someone calling my name.

I open my eyes and see my mom walking towards me. She has a worried look on her face. I smile and wave, and she **relaxes**. "I was wondering where you went," she says. "I'm glad you're enjoying the beach." I reply, "I am." "It's so beautiful here." "I know," she says. "I used to come here all the time when I was your age." "Really?" I ask. "Yeah," she replies. "It's a special place.""Did you ever meet anyone special here?" I ask. "I did," she replies with a smile. "Your father." "Really?" I say, **surprised**. "Yes," she says. "We used to come here all the time together. It's where we fell in love. " I smile, **imagining** my parents falling in love on this beautiful beach. "It's a special place," she repeats. "I'm glad you came here today."

We sit there for a while longer, **watching** the waves and

plage. " C'est un endroit spécial ", répète-t-elle. "Je suis contente que tu sois venu ici aujourd'hui."

Nous restons assis là un moment de plus, à **regarder** les vagues et le coucher de soleil. Puis nous nous levons et retournons à nos serviettes de plage.
Je m'allonge et regarde les étoiles. Je me sens si heureuse et satisfaite. Les vagues sont plus fortes maintenant, et le sable est froid. Le soleil se couche et une brise fraîche souffle. Les vagues s'écrasent sur le rivage et l'odeur du sel flotte dans l'air. C'est une soirée parfaite pour être à la plage. Je me promène le long du rivage, en **écoutant le** bruit des vagues et en regardant le coucher du soleil. Je vois un groupe de personnes assises sur le sable, qui rient et plaisantent. Ils ont l'air de passer un bon moment. Je m'approche d'eux et leur demande si je peux les rejoindre. Ils acceptent et nous passons le reste de la soirée à parler, à rire et à regarder le **coucher de soleil**. C'est une soirée parfaite. Le groupe et moi parlons jusqu'au coucher du soleil. Nous partageons des histoires et des blagues, et nous passons tous un bon moment. À la tombée de la nuit, nous commençons tous à nous sentir fatigués. Nous nous embrassons et nous nous séparons. Je rentre à mon hôtel, heureuse et satisfaite. Je n'arrive pas à croire que c'est si beau ici. J'ai tellement de chance d'en avoir **fait l'expérience**.

the sunset. Then we get up and walk back to our beach towels. I lie down and look at the stars. I feel so happy and content. The waves are louder now, and the sand is cold. The sun is setting and a cool breeze is blowing. The waves are crashing against the shore, and the smell of salt is in the air. It is a perfect evening to be at the beach.

I am walking along the shore, **listening** to the sound of the waves and watching the sunset. I see a group of people sitting on the sand, laughing and joking around. They look like they are having a great time. I walk over to them and ask if I can join them. They say yes, and we spend the rest of the evening talking, laughing, and watching the **sunset**. It is a perfect evening. The group and I talk until the sun sets. We share stories and jokes, and we all have a great time. As the night starts to fall, we all start to feel tired. We kiss each other **goodbye** and part ways. I walk back to my hotel, feeling happy and content. I can't believe how lovely it is here. I'm so lucky to have **experienced** it.

Questions de compréhension

1. Où va la narratrice après son réveil?

2. Qu'est-ce que la narratrice admire en marchant le long de la plage?

3. De quoi la narratrice doit-elle se méfier lorsqu'elle marche le long de la plage?

4. Où le narrateur s'assoit-il pour profiter de la vue?

5. Combien de temps le narrateur reste-t-il assis là?

6. Qui la narratrice voit-elle lorsqu'elle ouvre à nouveau les yeux?

7. Que dit la mère du narrateur?

8. De quoi parlent la narratrice et les personnes qu'elle rencontre?

Comprehension Questions

1. Where does the narrator go after she wakes up?

2. What is the narrator admiring as she walks along the beach?

3. What does the narrator have to watch out for as she walks along the beach?

4. Where does the narrator sit down to enjoy the view?

5. How long does the narrator sit there?

6. Whom does the narrator see when she opens her eyes again?

7. What does the narrator's mother say?

8. What do the narrator and the people she meets talk about?

Camping au lac

Je me dirige vers le lac, **admirant** la tranquillité de la scène. Le soleil tape sur le petit lac, faisant ressembler l'eau à une feuille de verre. Le seul mouvement est l'ondulation occasionnelle d'un poisson **brisant la** surface. Même les oiseaux semblent prendre une pause de la chaleur, avec seulement le son des cigales remplissant l'air. **Soudain**, la paix est rompue par un grand plouf. Un gros **poisson** a sauté hors de l'eau, essayant d'attraper une libellule. Le poisson rate sa cible et retombe dans l'eau avec un plouf. "Wow," je me dis, "c'était un gros poisson !". J'ai regardé autour de moi pour voir si quelqu'un d'autre l'avait vu, mais il n'y avait personne. Je suppose que je devrai leur dire quand je rentrerai au camp.

La chaleur est **oppressante**, il est difficile de respirer. L'air est épais et lourd, comme une couverture qui vous enveloppe. Le seul soulagement est dans l'eau. Elle est fraîche et rafraîchissante, comme une boisson fraîche par une journée chaude. Je prends une profonde inspiration et je plonge dans l'eau. Le soulagement est immédiat car l'eau fraîche m'entoure. Je nage jusqu'au fond, puis remonte à la surface, sentant l'eau refroidir mon corps. Je continue à **faire** des longueurs, appréciant le répit de la chaleur. Après un moment, je sors de l'eau et je m'allonge sur l'herbe, laissant le soleil sécher mon corps. Je ferme les yeux et m'endors, le son des **cigales** me berce dans un profond sommeil. Je laisse le soleil faire sortir l'eau de ma peau. Je sens

Camping at the Lake

I walk towards the lake, **admiring** the peacefulness of the scene. The sun is beating down on the small lake, making the water look like a sheet of glass. The only movement is the occasional ripple from a fish **breaking** the surface. Even the birds seem to be taking a break from the heat, with only the sound of cicadas filling the air. **Suddenly**, the peace is broken by a loud splash. A large **fish** has jumped out of the water, trying to catch a dragonfly. The fish misses its target and falls back into the water with a splash. "Wow," I think to myself, "that was a big fish!." I looked around to see if anyone else saw it, but there was no one around. I guess I'll have to tell them when I get back to camp.

The heat is **oppressive**, making it hard to breathe. The air is thick and heavy, like a blanket wrapped around you. The only relief is in the water. It is cool and refreshing, like a cold drink on a hot day. I take a deep breath and dive into the water. The relief is immediate as the cool water surrounds me. I swim down to the bottom and then back up to the surface, feeling the water cool my body. I continue **swimming** laps, enjoying the respite from the heat. After a while, I get out of the water and lie down on the grass, letting the sun dry my body. I close my eyes and drift off to sleep, the sound of the **cicadas** lulling me into a deep slumber. I let the sun bake the water out of my skin. I can feel my skin getting red, but I don't care. I am too hot to care.The next thing I know, the sun is setting.

que ma peau devient rouge, mais je m'en fiche. J'ai trop chaud pour m'en soucier. La prochaine chose que je sais, c'est que le soleil se couche. Le ciel est d'un bel orange, avec des traces de rose et de violet. La chaleur a disparu, remplacée par une **brise** fraîche.

Je me lève et me rhabille, me sentant rafraîchie et rajeunie. Je **respire** profondément l'air frais et je souris. C'est bon d'être en vie. Je retourne au camping, en admirant la façon dont les couleurs dansent dans le ciel. Je vois le feu de camp qui brûle au loin et je peux sentir la fumée dans l'air. Je souris et j'**accélère le** pas. Je suis prête à me détendre et à profiter du reste de ma soirée. J'entre dans le camping et je vois que tout le monde est rassemblé autour du feu. Ils **rient** et plaisantent, et je peux voir le feu se refléter dans leurs yeux. Je souris et m'assois à côté de mes amis. C'est bon d'être de retour. Le lendemain matin, je me réveille tôt et je commence à préparer mes affaires. J'ai hâte de retourner sur le sentier et de poursuivre mon voyage. Je dis au revoir à mes amis et commence à m'éloigner. En marchant, je jette un dernier regard sur le **camping**. Je peux voir le feu qui brûle toujours au loin et je peux sentir la fumée dans l'air. Je souris et j'accélère le pas. Je suis prêt à poursuivre mon **voyage**.

The sky is a beautiful orange, with streaks of pink and purple. The heat is gone, replaced by a cool **breeze**.

I get up and put my clothes back on, feeling refreshed and rejuvenated. I take a deep **breath** of the cool air and smile. It feels good to be alive. I walk back to the campsite, admiring the way the colors dance in the sky. I can see the campfire burning in the distance, and I can smell the smoke in the air. I smile and **quicken** my pace. I am ready to relax and enjoy the rest of my evening. I walk into the campsite and see that everyone is gathered around the fire. They are **laughing** and joking, and I can see the fire reflecting in their eyes. I smile and sit down next to my friends. It is good to be back. The next morning, I wake up early and start to pack up my things. I am eager to get back on the trail and continue my journey. I say goodbye to my friends and start to walk away. As I walk, I take one last look at the **campsite**. I can see the fire still burning in the distance, and I can smell the smoke in the air. I smile and quicken my pace. I'm ready to continue my **journey**.

Questions de compréhension

1. Où va le marcheur?

2. Quel temps fait-il?

3. À quoi ressemble l'eau?

4. Comment le marcheur réagit-il à la chaleur?

5. Que fait le poisson?

6. Pourquoi le marcheur est-il seul?

7. Quelle est la sensation de l'eau?

8. Comment le marcheur se sent-il après avoir nagé?

9. A quelle heure de la journée le déambulateur se réveille-t-il?

10. Où va le marcheur quand il quitte le camp?

Comprehension Questions

1. Where is the walker going?

2. What kind of weather is it?

3. What does the water look like?

4. How does the walker react to the heat?

5. What is the fish doing?

6. Why is the walker alone?

7. How does the water feel?

8. How does the walker feel after swimming?

9. What time of day is it when the walker wakes up?

10. Where does the walker go when he leaves the camp?

La Maison

J'ai emménagé dans ma nouvelle maison la semaine dernière, et je suis si **excitée** ! Elle est tellement plus grande que l'ancienne, et elle a un grand jardin. J'ai hâte d'inviter des amis pour des barbecues et des fêtes. Ce que je **préfère,** c'est ma nouvelle chambre. Elle est si grande et lumineuse, et j'ai beaucoup d'espace pour mettre toutes mes affaires. Je suis vraiment contente de ma nouvelle maison et je pense que je serai très heureuse ici. J'ai décidé d'explorer un peu plus la maison. Je suis monté au deuxième étage et j'ai commencé à me diriger vers la cuisine quand j'ai vu une grosse araignée noire sur le mur ! J'ai crié et j'ai couru en bas. J'avais tellement **peur** ! Mais après quelques minutes, je me suis calmée et j'ai décidé de retourner à l'étage. J'ai lentement fait mon chemin vers la cuisine et j'ai vu que l'araignée était partie. J'étais tellement soulagée ! Je suis redescendu et j'ai décidé de sortir pour explorer le **jardin**. Elle était si grosse ! Je n'arrivais pas à y croire. J'ai vu une balançoire dans le coin et un toboggan. J'ai aussi vu un filet de basket-ball et un **trampoline**. J'étais tellement excitée !

J'ai hâte d'utiliser tous ces nouveaux trucs. Les **voisins** sont venus et se sont présentés. Ils avaient l'air très gentils, et nous avons parlé un moment. Ils m'ont invité à leur barbecue le week-end prochain, et j'ai dit que j'aimerais beaucoup venir. J'ai passé une excellente première semaine dans ma nouvelle maison et j'ai hâte de vivre toutes les nouvelles aventures qui m'attendent. Aujourd'hui, je vais encore aller explorer le jardin et

The House

I moved into my new house last week, and I am so **excited**! It is so much bigger than my old one, and it has a big backyard. I can't wait to have friends over for BBQs and parties. My **favourite** part is my new bedroom. It is so big and bright, and I have lots of space to put all of my things. I am really happy with my new house and I think I will be very happy here. I decided to explore the house a bit more. I went upstairs to the second floor and started making my way to the kitchen when I saw a big black spider on the wall! I screamed and ran downstairs. I was so **scared**! But after a few minutes, I calmed down and decided to go back upstairs. I slowly made my way to the kitchen and saw that the spider was gone. I was so relieved! I went back downstairs and decided to go outside to explore the **backyard**. It was so big! I couldn't believe it. I saw a swing set in the corner and a slide. I also saw a basketball net and a **trampoline**. I was so excited!

I can't wait to use all of this new stuff. The **neighbours** came over and introduced themselves. They seemed really nice, and we talked for a while. They invited me to their BBQ next weekend, and I said I would love to come. I had a great first week in my new house, and I am excited about all of the new adventures that are ahead. Today, I am going to go exploring in the backyard again and see what else I can find. Who knows, maybe I'll even find some **treasure**. I can't wait to see what the next week brings! The next week, I went exploring in the backyard again, and I found a

voir ce que je peux trouver d'autre. Qui sait, peut-être vais-je même trouver un **trésor**. J'ai hâte de voir ce que la semaine prochaine nous réserve ! La semaine suivante, je suis retourné explorer le jardin et j'ai trouvé un jardin **secret**. C'était tellement beau ! Il y avait des fleurs partout et un petit étang avec des poissons dedans. J'ai aussi vu une balançoire que je n'avais jamais vue auparavant. J'étais si excitée de trouver ce jardin secret, et j'ai hâte de l'explorer davantage. C'était tellement **beau** !

Il y avait des fleurs partout et un petit étang avec des poissons dedans. J'ai aussi vu une **balançoire** que je n'avais jamais vue auparavant. J'étais si excitée de trouver ce jardin secret, et j'ai hâte de l'explorer davantage. J'ai aussi adoré ma nouvelle chambre. Elle était si grande et lumineuse, et il y avait déjà des posters de mes groupes préférés sur les murs. Je n'ai même pas eu besoin d'apporter mes propres **meubles** car il y avait déjà un lit, une commode et un bureau. Ça va être la meilleure année de ma vie ! J'étais un peu nerveux à l'idée de commencer dans une nouvelle **école**, mais tous mes nouveaux voisins ont été si gentils. J'ai même rencontré une fille qui habite à côté de chez moi et elle m'a dit qu'elle m'accompagnerait à l'école le premier jour. J'adore ma nouvelle maison et j'ai tellement hâte de commencer ce nouveau chapitre de ma vie ! Demain, ça va être génial ! Je me demande quelles aventures nous attendent. Toutes mes affaires ont été déballées, et je suis prête à me coucher. J'ai hâte de voir ce que **demain** nous réserve !

secret garden. It was so beautiful! There were flowers everywhere and a little pond with fish in it. I also saw a swing set that I hadn't seen before. I was so excited to find this secret garden, and I can't wait to explore it more. It was so **beautiful**!

There were flowers everywhere and a little pond with fish in it. I also saw a **swing** set that I hadn't seen before. I was so excited to find this secret garden, and I can't wait to explore it more. I also loved my new room. It was so big and bright, and there were already posters of my favourite bands on the walls. I didn't even have to bring any of my own **furniture** because there was already a bed, dresser, and desk here. This is going to be the best year ever! I was a little nervous about starting at a new **school**, but all of my new neighbours have been so friendly. I even met a girl who lives next door, and she says that she'll walk to school with me on my first day. I love my new house, and I'm so excited to start this new chapter in my life! Tomorrow is going to be great! I wonder what adventures lie ahead. All of my belongings have been unpacked, and I'm ready for bed. I can't wait to see what **tomorrow** brings!

Questions de compréhension

1. Où vit la personne?

2. Comment la personne se sent-elle dans sa nouvelle maison?

3. Quelle est la partie de la nouvelle maison que la personne préfère?

4. Qu'est-ce que la personne a trouvé dans le jardin?

5. Qui sont les voisins?

6. Comment se sont passés les premiers jours de la personne dans sa nouvelle maison?

7. Quelle est la partie de la nouvelle pièce que la personne préfère?

8. Qu'est-ce que la personne prévoit de faire demain?

9. Quelle a été la meilleure partie de la première semaine de la personne dans sa nouvelle maison?

Comprehension Questions

1. Where does the person live?

2. How does the person like it in the new house?

3. What is the person's favorite part of the new house?

4. What did the person find in the garden?

5. Who are the neighbors?

6. How did the person's first days in the new house feel?

7. What is the person's favorite part of the new room?

8. What is the person planning to do tomorrow?

9. What was the best part of the person's first week in the new house?

Dans le train

J'ai couru jusqu'à la gare, mais c'était trop tard. Le train était déjà parti sans moi. Je me suis sentie tellement **en colère** et **déçue** de moi-même. J'avais prévu de prendre le train pour rendre visite à mes grands-parents qui vivent à la campagne, mais je devais maintenant attendre le prochain train pendant une heure entière. J'ai décidé de me promener un peu dans la ville à la place et j'ai essayé d'oublier cette occasion manquée. En marchant, j'ai commencé à **rêver à** tous les endroits où le **train** peut vous emmener. Soudain, je n'étais plus aussi contrariée. Je suis retourné dans la gare et je n'ai pu m'empêcher de remarquer la grande locomotive rouge, blanche et bleue qui se dirigeait vers moi. Ce n'est que lorsque je vois le **conducteur** me faire signe par la fenêtre que je réalise que ce train est pour moi. Je monte dans le train et trouve mon siège, m'installant pour ce qui promet d'être un long voyage.

Alors que nous sortons de la gare, je ne peux m'empêcher de me demander où ce train va m'emmener. À travers des **champs** verts et des rivières bleues, en passant par des montagnes et des vallées, on ne sait pas où ce vieux train va aller. À la tombée de la nuit, je m'endors **paisiblement**, bercé par le mouvement **rythmique** des wagons sur les rails en contrebas. Quand le matin revient, j'ouvre les yeux pour constater que nous sommes arrivés dans une petite ville quelque part au milieu de nulle part. Le soleil pointe à peine à l'horizon et les habitants commencent à s'agiter dans la rue principale ; c'est un jour comme

On the train

I ran to the train station, but I was too late. The train had already left without me. I felt so **angry** and **disappointed** with myself. I had been planning to take the train to visit my grandparents who live in the country, but now I would have to wait a whole hour for the next train. I decided to walk around the city for a while instead and tried to forget about my missed opportunity. As I walked, I started **daydreaming** about all of the places that **trains** can take you. Suddenly, I wasn't so upset anymore. I head back into the station and can't help but to notice the large red, white, and blue locomotive chugging its way towards me. It's not until I see the **conductor** waving at me from the window that I realise that this train is for me. I board the train and find my seat, settling in for what promises to be a long journey.

As we pull out of the station, I can't help but wonder where this train will take me. Through **fields** of green and over rivers blue, past mountains and valleys too, there's no telling where this old train will go. As night begins to fall, I drift off into a **peaceful** sleep, lulled by the **rhythmic** movement of the cars on the tracks below. When morning comes again, I open my eyes to find that we've arrived in a small town somewhere in the middle of nowhere. The sun is just peeking over the horizon as locals start milling about on Main Street; it looks like any other day here except for one thing-there's a big sign posted near City Hall that reads "Welcome aboard!" It seems this little town

les autres ici, à l'exception d'une chose : il y a un grand panneau près de l'hôtel de ville qui dit "Bienvenue à bord". Il semble que cette petite ville nous attendait, même si nous ne sommes qu'un train de **voyageurs** ordinaire qui passe par là pour aller ailleurs. Alors que nous laissons la ville derrière nous une fois de plus, en direction d'on ne sait où, je souris à tous les visages amicaux qui nous saluent depuis ces petites maisons nichées au milieu des **terres agricoles - c**'est vraiment étonnant de voir comment quelque chose d'apparemment si ordinaire peut apporter tant de joie simplement en passant par là. Et puis, bien sûr, il y a les **enfants**.

Je me penche par la fenêtre de ma locomotive. Ils me rendent toujours si heureux avec leurs yeux brillants et leurs grands sourires. Je leur fais un signe de la main énergique avant de retourner dans ma **cabine** et de m'asseoir. La journée a déjà été longue, mais elle n'est pas encore terminée ; il reste encore quelques heures avant d'atteindre notre **destination** finale. Je sors mon livre et commence à lire, laissant le balancement rythmique du train me bercer dans un état paisible. De temps en temps, je lève les yeux vers le paysage qui défile à l'extérieur - il ne vieillit jamais, peu importe combien de fois je le vois. Finalement, la nuit commence à tomber et des lumières **scintillantes** apparaissent au loin ; nous nous rapprochons maintenant. Très vite, nous entrons dans la gare et nous nous arrêtons. Alors que les passagers commencent à débarquer, je ne peux m'empêcher de **penser que les** trains ont toujours été une partie importante de ma vie.

has been expecting us, even though we're just an ordinary **passenger** train passing through on our way elsewhere. As we leave town behind us once more, chugging along towards who knows where next, I smile at all the friendly faces waving goodbye from those little houses nestled amongst **farmland**—it really is amazing how something so seemingly ordinary can bring so much joy simply by passing through. And then, of course, there are the **children**.

I lean out the window of my locomotive. They always make me feel so happy with their shining eyes and big grins. I waved back at them energetically before returning to my **cabin** and taking a seat. It's been a long day already, but it's not over yet; there's still another few hours until we reach our final **destination**. I pull out my book and start reading, letting the rhythmic rocking of the train lull me into a peaceful state. Every now and then I glance up at the scenery passing by outside— it never gets old no matter how many times I see it. Eventually, night starts to fall and **twinkling** lights start to appear in the distance; we're getting close now. Soon enough, we're pulling into the station and coming to a stop. As passengers start disembarking, I can't help but **reflect** on how trains have always been such an important part of my life.

Questions de compréhension

1. Où va le train?

2. Qui voyage dans le train?

3. Quand le train part-il?

4. Comment le protagoniste monte-t-il dans le train?

5. D'où vient le train?

6. Où le train va-t-il ensuite?

7. Quand les passagers sont-ils arrivés?

8. Que ressent le protagoniste lorsqu'il rate le train?

9. Comment le conducteur du train réagit-il lorsqu'il voit le protagoniste?

Comprehension Questions

1. Where is the train going?

2. Who is traveling on the train?

3. When does the train leave?

4. How does the protagonist get on the train?

5. Where does the train come from?

6. Where is the train going next?

7. When did the passengers arrive?

8. How does the protagonist feel when he misses the train?

9. How does the train driver react when he sees the protagonist?

Cuisiner le dîner

Il est 17 heures et je rentre à pied du travail. J'ai **hâte** de passer une soirée tranquille à la maison avec mon partenaire. Nous allons préparer le dîner ensemble et nous détendre pour le reste de la nuit. C'est agréable de savoir que je n'ai aucun projet ni aucune obligation ce **soir**. J'arrive à la maison et mon partenaire est déjà dans la cuisine, en train de préparer notre dîner. Ça sent **très bon** ici ! Nous bavardons tout en cuisinant, prenant des nouvelles de nos journées respectives et partageant des petites histoires de nos vies professionnelles. La cuisine est ma pièce préférée dans notre appartement. J'adore cuisiner, et j'aime particulièrement cuisiner avec mon partenaire. Nous passons toujours un bon moment ici, à rire et à plaisanter pendant que nous cuisinons. De plus, la nourriture est toujours **incroyable** lorsque nous travaillons **ensemble**.

Ce soir, nous faisons l'une de mes recettes préférées : le **poulet au** parmesan. Mon partenaire commence par paner le poulet pendant que je fais mijoter la sauce sur la **cuisinière**. Nous travaillons ensemble comme une machine bien huilée, et en peu de temps, le dîner est prêt à être servi. Nous nous asseyons à notre petite table de cuisine avec des **assiettes** remplies de poulet au parmesan, de pâtes et de salade. Nous faisons tinter les verres et prenons notre première bouchée - et c'est **divin** ! Le poulet est croustillant à l'extérieur mais juteux à l'intérieur ; la sauce est savoureuse et

Cooking Dinner

It's 5 pm now and I am walking home from work. I'm looking **forward** to having a calm evening at home with my partner. We'll cook dinner together and then just relax for the rest of the night. It feels good to know that I don't have any plans or obligations this **evening**. I arrive home and my partner is already in the kitchen, starting to prepare our dinner. It smells **amazing** in here! We chat as we cook, catching up on each other's days and sharing little stories from our work lives. The kitchen is my favourite room in our apartment. I love cooking, and I especially love cooking with my partner. We always have such a good time in here, laughing and joking around while we cook up a storm. Plus, the food is always **incredible** when we work **together**.

Tonight, we're making one of my all-time favourite recipes: **chicken** Parmesan. My partner starts by breading the chicken while I get the sauce simmering on the **stovetop**. We work together like a well-oiled machine, and before long, dinner is ready to serve. We sit down at our little kitchen table with **plates** heaped high with chicken Parmesan, pasta, and salad. We clink glasses and take our first bite—and it's **heavenly**! The chicken is crispy on the outside but juicy on the inside; the sauce is flavorful and perfect; the pasta is cooked al dente... everything tastes absolutely perfect tonight. We both know that this was one of those nights where everything just came together perfectly as we **savour** every last bite of our delicious meal. It tasted even better than it smelled—which was pretty damn good!

parfaite ; les pâtes sont cuites al dente... tout a un goût absolument parfait ce soir. Nous savons tous les deux que c'était l'une de ces nuits où tout s'est parfaitement réuni alors que nous **savourons** chaque bouchée de notre délicieux repas. Le goût était encore meilleur que l'odeur, qui était sacrément bonne ! Nous terminons notre repas assez rapidement car aucun de nous n'a particulièrement faim aujourd'hui, mais nous prenons notre temps en dégustant quelques **verres** de vin supplémentaires tout en discutant légèrement de tel ou tel sujet. Après le dîner, nous nettoyons rapidement ensemble et passons au salon, où nous passons un moment à **nous câliner** sur le canapé en regardant la télévision.

C'est tellement agréable d'être près l'un de l'autre après une longue journée de **travail** séparé. Je me sens satisfaite. Même si la soirée n'a pas été très animée, c'était agréable de passer du temps ensemble sans avoir à quitter la maison. Nous avons regardé un film et nous nous sommes couchés tôt, **satisfaits** de notre simple soirée. C'est devenu l'une de nos activités **préférées** les soirs où nous n'avons pas envie de sortir - se détendre à la maison et profiter de la compagnie de l'autre autour d'un repas fait maison. C'est toujours agréable de savoir que nous pouvons revenir ici après une longue journée et être simplement nous-mêmes. **Finalement**, nous commençons tous les deux à bailler, alors nous décidons de monter au lit, où nous lisons un peu avant de nous blottir sous les couvertures et de nous endormir profondément.

We finish our meal relatively quickly as neither of us is particularly hungry today, but we take our time enjoying a few more **glasses** of wine while chatting lightly about this and that topic. After dinner, we clean up quickly together and then move into the living room, where we spend some time **cuddling** on the couch while watching TV.

It feels so nice just being close to each other after a long day apart **working**. I feel content. Even though we didn't have an eventful evening, it was nice to just spend some time together without having to leave the house. We watched a movie and went to bed early, feeling **satisfied** with our simple night in. This has become one of our **favourite** things to do on nights when we don't want to go out—just relax at home and enjoy each other's company over a home-cooked meal. It's always nice to know that we can come back here after a long day and just be ourselves. **Eventually**, we both start yawning, so we decide to head upstairs to bed, where we read for a bit before snuggling close under the covers and falling asleep soundly.

Questions de compréhension

1. D'où vient le narrateur?

2. Que fait le narrateur après le travail?

3. Que mange le narrateur pour le dîner?

4. Pourquoi le narrateur aime-t-il la cuisine?

5. Quel genre de plat le couple cuisine-t-il?

6. Que ressent le narrateur à la fin de la soirée?

7. Quelle est l'activité préférée du couple?

8. Que fait le couple quand il est fatigué?

9. Où dorment-ils?

10. Pourquoi le narrateur aime-t-il rester à la maison?

Comprehension Questions

1. Where does the narrator come from?

2. What does the narrator do after work?

3. What does the narrator eat for dinner?

4. Why does the narrator like the kitchen?

5. What kind of dish does the couple cook?

6. How does the narrator feel at the end of the evening?

7. What is the couple's favorite thing to do?

8. What do the couple do when they get tired?

9. Where do they sleep?

10. Why does the narrator like to stay at home?

Walking Home

C'était une nuit **paisible** alors que je rentrais du travail. En marchant, je ne pouvais m'empêcher de sourire aux souvenirs. C'était bon d'être de retour dans mon ancien quartier. J'ai salué quelques personnes que je connaissais, et elles m'ont salué en retour. C'était bon d'être chez soi. Je suis passé devant mon ancienne école et je **me suis souvenu de** tous les bons moments que j'ai passés avec mes amis. On rentrait toujours ensemble à la maison et on parlait de notre journée. **Parfois,** on s'arrêtait pour acheter une glace ou aller au parc. C'était les meilleurs moments. Ces moments me manquent. Mais maintenant, j'ai ma propre famille et je suis heureuse de ma vie. Je suis heureux de pouvoir repenser à ces souvenirs et de sourire. Ils font partie de ma vie et je les chérirai toujours. C'était les meilleurs moments. Ils me manquent. Mais maintenant, j'ai ma propre famille et je suis heureux de ma vie. Je suis heureux de pouvoir repenser à ces **souvenirs** et de sourire. Ils font partie de ma vie et je les chérirai toujours.

Je continue à marcher, en pensant aux bons moments que j'ai passés avec mes amis. Je sais que je les reverrai bientôt. Je me dirige vers ma maison et décide de me promener dans un parc à proximité. Le soleil se couche et le ciel prend une **belle** couleur orange. Le parc est vide, à l'exception de quelques oiseaux qui gazouillent dans les arbres. Je prends une profonde **inspiration** et je souris. Alors que je marche dans

Walking Home

It was a **peaceful** night as I walked home from work. As I walked, I couldn't help but smile at the memories. It felt good to be back in my old neighborhood. I waved to a few people I knew, and they waved back. It was good to be home. I walked past my old school and **remembered** all the good times I had with my friends. We would always walk home together and talk about our day. **Sometimes** we would stop and get ice cream or go to the park. Those were the best times. I miss those times. But now I have my own family and I'm happy with my life. I'm glad I can look back on those memories and smile. They are a part of my life that I will always cherish. Those were the best times. I miss those times. But now I have my own family and I'm happy with my life. I'm glad I can look back on those **memories** and smile. They are a part of my life that I will always cherish.

I keep walking, thinking about the good times I had with my friends. I know I'll see them again soon. I head towards my home and decide to walk through a park nearby. The sun is setting and the sky is turning a **beautiful** orange color. The park is empty, except for a few birds chirping in the trees. I take a deep **breath** and smile. As I walk through the park, I see a shooting star streak across the sky. I made a wish on that star, and kept walking. I think about my day at work and how **peaceful** it was. I smile to myself, thinking about how lucky I am to have such a great job. I walk home,

le parc, je vois une étoile filante traverser le ciel. J'ai fait un vœu sur cette étoile et j'ai continué à marcher. Je pense à ma journée de travail et au **calme qui** y régnait. Je souris à moi-même, en pensant à la chance que j'ai d'avoir un si bon travail. Je rentre chez moi, en **sentant l'**air frais de la nuit sur ma peau. Je me sens si vivante et heureuse, profitant du simple fait de rentrer chez moi par une nuit paisible.

Je me sentais si bien que j'ai commencé à **siffler**. Je suis passé devant quelques personnes dans la rue, mais elles s'occupaient toutes de leurs affaires.

J'ai tourné le coin de ma rue et j'ai vu le chat de mon voisin, M. Whiskers, assis sur mon porche. Je lui ai dit bonjour et il miaulait en retour. J'ai **déverrouillé** ma porte et je suis entrée. J'étais si heureuse d'être chez moi. J'ai enlevé mes chaussures et me suis préparée pour aller me coucher. Je me suis couchée ce soir-là, heureuse et reconnaissante, le cœur plein d'amour. J'ai dormi profondément toute la nuit, sans me soucier de rien. Je me suis réveillée d'un sommeil réparateur et j'ai été **accueillie** par le soleil qui brillait à travers ma fenêtre. Je suis sorti du lit et me suis étiré, prenant une profonde inspiration et sentant l'air frais remplir mes poumons. J'ai marché jusqu'à ma fenêtre et j'ai regardé dehors, j'ai entendu les oiseaux gazouiller et les **écureuils** jouer. J'ai souri et suis allée m'habiller, me sentant heureuse et satisfaite. J'ai passé une excellente journée, à passer du temps avec mes **amis** et ma famille. J'ai ri, plaisanté et je me suis **amusé**.

feeling the cool night air on my skin. I feel so alive and happy, just enjoying the simple act of walking home on a peaceful night.

I felt so good, I started **whistling**. I walked past a few people on the street, but they were all minding their own business.

I turned the corner onto my street and saw my neighbor's cat, Mr. Whiskers, sitting on my porch. I said hello to him and he meowed back. I **unlocked** my door and went inside. I was so happy to be home. I took off my shoes and got ready for bed. I went to bed that night feeling happy and grateful, my heart full of love. I slept soundly through the night, not worrying about anything. I woke up from a restful sleep and was **greeted** by the sun shining in through my window. I got out of bed and stretched, taking a deep breath and feeling the cool air fill my lungs. I walked to my window and looked out, hearing the birds chirping and the **squirrels** playing. I smiled and went to get dressed, feeling happy and content. I had a great day, spending time with my **friends** and family. I laughed and joked and just **enjoyed** myself.

Questions de compréhension

1. Que faisait le protagoniste au début de l'histoire?

2. A quoi pensait le protagoniste en rentrant chez lui?

3. Qu'est-ce que le protagoniste avait l'habitude de faire avec ses amis après l'école?

4. Qu'est-ce que le protagoniste regrette de cette époque?

5. Que pense le protagoniste de sa vie actuelle?

6. Que fait le protagoniste lorsqu'il voit une étoile filante?

7. Que ressent le protagoniste lorsqu'il rentre à pied chez lui?

8. Que fait le protagoniste lorsqu'il rentre chez lui?

9. Que ressent le protagoniste lorsqu'il se réveille le lendemain matin?

Comprehension Questions

1. What was the protagonist doing when the story started?

2. What did the protagonist think about when walking home?

3. What did the protagonist used to do with friends after school?

4. What does the protagonist miss about those times?

5. What does the protagonist think about their current life?

6. What does the protagonist do when they see a shooting star?

7. How does the protagonist feel when they walk home?

8. What does the protagonist do when they get home?

9. How does the protagonist feel when they wake up the next morning?

Le château

La famille avait toujours voulu visiter un vieux château en **Allemagne**, et elle a finalement fait le voyage. Ils n'ont pas été **déçus**. Le château était magnifique, et ils ont pris plaisir à explorer ses nombreuses pièces et couloirs. La première chose qui les frappe est l'odeur. Ils ont trouvé de la **moisissure**, de l'humidité et quelque chose d'autre qu'ils n'ont pas réussi à identifier. La deuxième chose a été le son. Les murs de pierre sont épais, mais ils n'étouffent pas complètement le son. Ils ont entendu chaque pas, chaque mot prononcé d'une voix normale, et le goutte-à-goutte occasionnel de l'eau **quelque part** au loin. Lorsque leurs yeux se sont adaptés à la faible lumière, ils ont vu des murs de pierre massifs se dresser tout autour d'eux, des tapisseries y étant suspendues en **lambeaux**.

Ils se tenaient dans un immense hall avec un haut plafond soutenu par des piliers sculptés. Ils ont également adoré la vue depuis les tourelles, et les enfants ont eu beaucoup de plaisir à courir dans le parc. Le **soleil** avait commencé à se coucher lorsqu'ils ont fini d'explorer le château, et ils ont regretté de ne pas avoir apporté de **lampe de poche**. Ils ont décidé de retourner à l'entrée, mais ils se sont vite perdus. Ils errent pendant des heures, jusqu'à ce qu'ils trouvent enfin une porte qui mène à l'extérieur. Ils ont continué jusqu'à ce qu'ils **atteignent le** bout du couloir et arrivent à un imposant ensemble de doubles portes. Ils ont beau essayer, les portes ne bougent pas. Elles cliquettent **sinistrement** mais ne bougent pas d'un pouce. On

The castle

The family had always wanted to visit an old castle in **Germany**, and finally they took the trip. They were not **disappointed**. The castle was beautiful, and they enjoyed exploring its many rooms and corridors. The first thing that hit them was the smell. They found **mould**, dampness, and something else they couldn't quite put their finger on. The second thing was the sound. Stone walls are thick, but they don't deaden sound completely. They heard every footstep, every word spoken in a normal voice, and the occasional drip of water **somewhere** in the distance. As their eyes adjusted to the dim light, they saw massive stone walls looming all around them, tapestries hanging from them in **tattered** shreds.

They were standing in a huge hall with a high ceiling supported by carved pillars. They also loved the views from the turrets, and the kids had a great time running around the grounds. The **sun** had begun to set by the time they finished exploring the castle, and they regretted that they hadn't brought a **flashlight**. They decided to make their way back to the entrance, but soon found themselves lost. They wandered around for what felt like hours, until finally they came across a door that led outside. They continued until they **reached** the end of the hall and came to an imposing set of double doors. Try as they might, the doors wouldn't budge. They rattle **ominously** but don't move an inch. It looked like whoever was here before must have gone through here and locked them from inside. Eventually, they find

dirait que celui qui était ici avant a dû passer par là et les verrouiller de l'intérieur. Finalement, ils ont trouvé un moyen de sortir. Le soulagement les envahit alors qu'ils sortent dans l'air frais de la nuit.

Le soleil avait commencé à se coucher, et ils **regrettaient de ne pas avoir** apporté de lampe de poche. Ils ont décidé de retourner à l'entrée, mais ils se sont vite perdus. Ils ont erré pendant ce qui leur a semblé être des heures, jusqu'à ce qu'ils trouvent enfin une porte qui menait à **l'extérieur**. Le soulagement les a envahis alors qu'ils sortaient dans l'air frais de la nuit. Le lendemain soir, ils ont pris soin d'emporter une lampe de poche pour explorer le reste du château. Ils ont traversé la **cour** et sont descendus jusqu'à la rivière qui coulait derrière les murs du **château**. Alors qu'ils se promenaient, ils ont commencé à entendre des bruits étranges. On aurait dit que quelqu'un les suivait. Ils accélèrent le pas, mais les bruits deviennent plus forts et plus proches. Les membres de la famille courent vers le château aussi vite qu'ils le peuvent, et ils sont soulagés de voir que la silhouette au manteau **sombre** ne les a pas suivis.

Ils sont retournés dans leur chambre et ont essayé d'oublier ce qui s'était passé, mais ils ne pouvaient pas se débarrasser du sentiment que quelque chose les observait depuis l'ombre. Une fois à l'intérieur, ils ont **barricadé les** portes et les fenêtres et ont appelé la police. La nuit a été longue, mais la police est finalement arrivée et a appréhendé la silhouette.

a way out. Relief washed over them as they stepped
out into the cool night air.

The sun had begun to set, and they **regretted** that they
hadn't brought a flashlight. They decided to make their
way back to the entrance, but soon found themselves
lost. They wandered around for what felt like hours,
until finally they came across a door that led **outside**.
Relief washed over them as they stepped out into the
cool night air. The next evening, they made sure to take
a flashlight with them as they explored the rest of the
castle. They walked through the **courtyard** and down
to the river that ran behind the **castle** walls. As they
walked around, they began to hear strange noises.
It sounded like someone was following them. They
quickened their pace, but the noises got louder and
closer. The family ran back to the castle as fast as they
could, and they were relieved to see that the figure in
the **dark** cloak had not followed them.

They went back to their room and tried to forget about
what had happened, but they could not shake the
feeling that something was watching them from the
shadows. Once they were inside, they **barricaded**
the doors and windows and called the police. It was
a long night, but eventually the police arrived and
apprehended the figure.

Questions de compréhension

1. Qu'a fait la famille lorsqu'elle s'est perdue dans le château?

2. Comment la famille s'est-elle sentie quand elle a découvert que c'était juste un homme du coin?

3. Qu'a fait l'homme qui a été arrêté?

4. Quelle a été la sentence pour cet homme?

5. Quel bruit la famille a-t-elle entendu pendant qu'elle marchait?

6. Où était le personnage au manteau sombre quand la famille l'a vu?

7. Qu'a fait la famille en rentrant dans sa chambre?

8. Quand la famille est-elle repartie explorer le château?

Comprehension Questions

1. What did the family do when they got lost in the castle?

2. How did the family feel when they found out it was just a local man?

3. What did the man do that got him arrested?

4. What was the sentence for the man?

5. What noise did the family hear while they were walking?

6. Where was the figure in the dark cloak when the family saw him?

7. What did the family do when they got back to their room?

8. When did the family go explore the castle again?

Mon jardin

Mon jardin est mon coin de paradis. J'y vais tous les jours, qu'il pleuve ou qu'il vente, et je passe du temps à m'occuper de mes plantes. J'ai un peu de **tout : des légumes**, des fruits, des fleurs, des herbes. J'ai même quelques poules qui m'aident à tenir les parasites à distance. Je commence mes journées dans le jardin en ramassant les œufs des poules. Puis je vérifie que mes légumes reçoivent suffisamment d'eau et de soleil. Je désherbe les plates-bandes et j'élimine les insectes qui pourraient **attaquer** les plantes. Une fois que **tout est** fait, je m'assois et je profite de la paix et du calme de la nature.

J'ai toujours aimé passer du temps dans mon jardin. Il y a quelque chose dans le fait d'être entouré par la nature et toute la **beauté qu**'elle a à offrir. Je trouve que c'est un endroit très paisible et apaisant. Je passe souvent du temps dans mon jardin à me détendre et à profiter du paysage. J'aime aussi travailler dans mon jardin et faire pousser des choses. J'ai un jardin d'assez bonne taille et j'aime y faire pousser toutes **sortes** de choses. Je fais pousser des fleurs, des **légumes** et des herbes aromatiques. J'ai aussi quelques arbres fruitiers qui produisent de délicieuses pommes, poires et prunes. En plus de faire pousser des choses, j'aime aussi passer du temps à me promener dans mon jardin, à **admirer** toutes les plantes et tous les animaux qui y vivent. J'ai passé de nombreuses heures au fil des ans à faire de mon **jardin** un endroit non seulement beau

My Garden

My garden is my happy place. I go out there every day, rain or shine, and spend time tending to my plants. I have a little bit of **everything**-vegetables, fruits, flowers, herbs. I even have a few chickens that help keep the pests at bay. I start my days in the garden by gathering eggs from the chickens. Then I check on my veggies, making sure they are getting enough water and sun. I weed the beds and pick off any bugs that might be **attacking** the plants. Once **everything** is taken care of, I sit back and enjoy the peace and quiet of nature.

I have always loved spending time in my garden. There is something about being surrounded by nature and all of the **beauty** that it has to offer. I find it to be a very peaceful and calming place. I often spend time in my garden just relaxing and enjoying the scenery. I also enjoy working in my garden and growing things. I have a pretty good-sized garden, and I like to grow a variety of **different** things in it. I grow flowers, **vegetables**, and herbs. I also have a few fruit trees that produce some delicious apples, pears, and plums. In addition to growing things, I also enjoy spending time just walking around my garden, **admiring** all of the different plants and animals that call it home. I have spent many hours over the years working on making my **garden** into a place that is not only beautiful but also functional. I love to watch the birds flit around and listen to them sing. Sometimes I even bring out a book and read in the garden while surrounded by all the beauty that I've created. **Gardening** is my passion and it brings me so

mais aussi fonctionnel. J'aime regarder les oiseaux voltiger et les écouter chanter. Parfois, je sors même un livre et je lis dans le jardin, entourée de toute la beauté que j'ai créée. Le **jardinage** est ma passion et il m'apporte tant de joie. Chaque jour dans mon jardin est un bon jour.

L'une des choses que j'aime faire, c'est cuisiner. Il est donc très **important pour moi d'**avoir un jardin d'herbes aromatiques bien garni. Le thym, le basilic, l'origan, le romarin, la sauge et la lavande sont quelques-unes des herbes que j'aime faire pousser dans mon jardin pour pouvoir les utiliser lorsque je prépare des repas pour moi ou pour mes **invités**. Une autre chose qui est importante pour moi quand il s'agit de mon jardin, c'est de m'assurer qu'il y a beaucoup de couleurs dans tout le jardin. Pour atteindre cet objectif, je cultive une grande variété de fleurs, notamment des **roses**, des lys, des marguerites, des tulipes, des impatiens, des soucis, etc. En plus d'ajouter de la couleur avec les fleurs, j'aime aussi ajouter de l'intérêt en utilisant différentes **textures** dans le jardin. Par exemple, je peux planter des fougères sous des tournesols imposants ou des hostas à **côté de** graminées ornementales hérissées. Peu importe ce qui se passe dans la vie, travailler dans mon jardin m'**aide** toujours à me sentir plus proche de la nature et en paix avec moi-même.

much joy. Every day in my garden is a good day.

One of the things that I love to do is cook, so having a well-stocked herb garden is very **important** to me. Thyme, basil, oregano, rosemary, sage, and lavender are just some of the herbs that I like to grow in my garden so that I can use them when cooking meals for myself or for **guests**. Another thing that is important to me when it comes to my garden is making sure that there is plenty of colour throughout it. To achieve this goal, I grow a wide variety of flowers, including **roses**, lilies, daisies, tulips, impatiens, marigolds, etc. In addition to adding colour with flowers, I also like to add interest by using different **textures** throughout the garden. For instance, I might plant ferns beneath towering sunflowers or hostas **alongside** spiky ornamental grasses. No matter what else might be going on in life, working in my garden always **manages** to help me feel more connected to nature and at peace with myself.

Questions de compréhension

1. Où se trouve le jardin de l'auteur?

2. Combien de poulets l'auteur possède-t-il?

3. Que fait l'auteur dans le jardin tous les jours?

4. Pourquoi l'auteur aime-t-il le jardin?

5. Quelles herbes l'auteur plante-t-il dans le jardin?

6. Pourquoi est-il important pour l'auteur qu'il y ait beaucoup de couleurs dans son jardin?

7. Comment l'auteur apporte-t-il de la variété à son jardin?

8. Que ressent l'auteur lorsqu'il travaille dans son jardin?

9. Qu'est-ce qui fait que l'auteur se sent connecté quand il est dans son jardin?

Comprehension Questions

1. Where is the author's garden?

2. How many chickens does the author have?

3. What does the author do in the garden every day?

4. Why does the author like the garden?

5. What herbs does the author plant in the garden?

6. Why is it important to the author that there are many colors in his garden?

7. How does the author bring variety to his garden?

8. How does the author feel when he works in his garden?

9. What makes the author feel connected when he is in his garden?

Faire du shopping

J'adore aller **faire du shopping** au centre commercial. C'est toujours très amusant de se promener et de regarder tous les différents magasins. Il y en a pour tous les goûts au centre commercial, et c'est toujours l'endroit idéal pour trouver de bonnes affaires sur les vêtements, les chaussures et les accessoires. Je commence **généralement** mon shopping en passant par l'**entrée** principale du centre commercial. De là, je me dirige d'abord vers mes magasins préférés. Après avoir fait le tour de ces magasins, je me promène pour voir s'il y a des soldes dans d'autres endroits. Je finis généralement par passer quelques heures dans le centre commercial avant de faire mes achats. J'aime toujours prendre mon temps lorsque je fais du shopping, **car** je veux être sûre d'obtenir **exactement** ce que je veux. En plus, c'est plus amusant comme ça !

Je trouve toujours **fascinant** d'observer les gens quand je suis au centre commercial. On peut vraiment en apprendre beaucoup sur une personne par sa façon de faire ses courses. Certaines personnes sont très méthodiques et prennent leur temps, tandis que d'autres semblent prendre **tout ce qu'**elles peuvent et se diriger vers la caisse aussi vite que possible. Il y a aussi les acheteurs qui semblent plus intéressés à parler au téléphone portable ou à envoyer des SMS qu'à regarder la marchandise ! Quel que soit le type d'acheteur, tout le monde semble apprécier le lèche-vitrine, même si vous n'achetez rien. Il y a quelque chose qui me rend heureuse dans le fait de

Going Shopping

I love going **shopping** in the mall. It's always so much fun to walk around and look at all the different stores. There's something for everyone in the mall, and it's always a great place to find deals on clothes, shoes, and accessories. I **usually** start my shopping trip by walking through the main **entrance** of the mall. From there, I head to my favourite stores first. After looking through those stores, I'll walk around and see if there are any sales going on at other places. I usually end up spending a couple hours in the mall before I finally make my purchases. I always like to take my time when shopping **because** I want to make sure that I'm getting **exactly** what I want. Plus, it's just more fun that way!

I always find it so **fascinating** to people watch while I'm at the mall. You can really tell a lot about a person by the way they shop. Some people are very methodical and take their time, while others just seem to grab **whatever** they can and head for the check-out as fast as possible. There are also those shoppers who seem more interested in talking on their cell phones or texting than actually looking at any of the merchandise! No matter what kind of shopper you are, though, everyone seems to enjoy window shopping—even if you don't actually buy anything. There's just something about looking at all of the pretty things in the store **windows** that makes me happy. Sometimes I fantasise about what it would be like if I could afford **everything** I see! All in all, spending a day shopping at the mall is one of my favourite pastimes. It's a great way to relax and

regarder toutes ces jolies choses dans les **vitrines des magasins**. Parfois, je m'imagine comment ce serait si je pouvais m'offrir **tout ce que** je vois ! En fin de compte, passer une journée à faire du shopping au centre commercial est l'un de mes passe-temps favoris. C'est un excellent moyen de se détendre et de se relaxer tout en faisant un peu d'exercice (si vous marchez suffisamment). Et puis, c'est **toujours** agréable de s'offrir une nouvelle chemise ou une nouvelle paire de chaussures de temps en temps !

J'ai eu une **longue** journée de travail et j'ai enfin eu du temps pour moi, alors j'ai décidé d'aller faire du shopping au centre commercial. J'avais besoin de nouveaux vêtements pour la saison **à venir**. Dès que je suis entrée, j'ai vu toutes les lumières vives et les façades brillantes des magasins. Je me suis dirigée vers mon magasin préféré en premier et j'ai commencé à parcourir les rayons. J'ai trouvé quelques jolis hauts et les ai essayés dans la cabine d'essayage. Alors que je me regardais dans le miroir, j'ai entendu quelqu'un entrer dans la cabine d'**essayage** à côté de la mienne. J'ai reconnu sa voix comme étant celle d'un de mes collègues de travail. Nous nous sommes dit bonjour et avons commencé à discuter du travail. Au bout de quelques minutes, nous avons tous deux terminé et sommes partis chacun de **notre côté**, mais nous nous sommes recroisés plus tard. Nous avons continué à bavarder et avons réalisé que nous avions plus de choses en commun que nous le pensions. Nous avons fini nos verres et sommes rentrés chez nous pour la nuit, **épuisés** par une longue journée de shopping mais néanmoins heureux de nos achats.

unwind while also getting a little bit of exercise (if you walk around enough). Plus, it's **always** nice to treat yourself to a new shirt or pair of shoes every now and then!

I had a **long** day at work and finally had some time to myself, so I decided to go shopping at the mall. I needed some new clothes for the **upcoming** season. As soon as I walked in, I saw all the bright lights and shiny storefronts. I headed to my favourite store first and started browsing through the racks. I found a few cute tops and tried them on in the dressing room. As I was looking at myself in the mirror, I heard someone coming into the **dressing** room next to mine. I recognised their voice as one of my co-workers. We said hello and started chatting about work. After a few minutes, we both finished up and went our **separate** ways, but then ran into each other again later. We continued chatting and realised that we had more in common than we thought. We finished our drinks and then headed home for the night, **exhausted** from a long day of shopping but happy with our purchases nonetheless.

Questions de compréhension

1. Où aimez-vous le plus stocker?

2. Quel est votre magasin préféré dans le centre commercial?

3. Combien de temps restez-vous habituellement au centre commercial?

4. Que pensez-vous des personnes qui passent beaucoup de temps au centre commercial? 5. Quelle est votre activité préférée au centre commercial?

6. Avez-vous déjà acheté quelque chose au centre commercial alors que vous n'en aviez pas vraiment besoin?

7. Comment réagissez-vous lorsque vous voyez au centre commercial un article que vous aimeriez vraiment, mais qui est trop cher?

8. Avez-vous déjà vu quelque chose au centre commercial en vous demandant qui l'achèterait?

Comprehension Questions

1. Where do you like to store the most?

2. What is your favorite store in the mall?

3. How long do you usually stay at the mall?

4. What do you think about people who spend a lot of time at the mall? 5. what is your favorite thing to do at the mall?

6. Have you ever bought something at the mall when you didn't really need it?

7. How do you react when you see something at the mall that you would really like, but it is too expensive?

8. Have you ever seen something at the mall and wondered who would buy it?

Au marché

Je me réveille tôt le samedi matin, impatiente de me rendre au **marché** avant qu'il ne soit trop fréquenté. Je m'habille et je sors, en prenant mes sacs réutilisables en chemin. En marchant, je commence à planifier ce que je veux faire pour la semaine à venir. Je sais que je veux faire **rôtir des** légumes au moins une fois, donc je vais devoir acheter des légumes de bonne qualité. Je veux aussi faire une soupe ou un ragoût, et je vais donc devoir acheter de la viande. Je verrai bien ce qui me semble bon quand je serai sur place. Le marché n'est qu'à quelques rues de là, et je vois déjà les étals installés et les **gens qui** s'agitent.

J'arrive au marché et me dirige directement vers le stand des légumes. La sélection est magnifique, et je remplis mes sacs d'une variété de produits **frais**. Je discute un peu avec le fermier et il me recommande quelques recettes. J'ai hâte de les essayer. Je discute avec les **agriculteurs** pendant que je fais mes courses, pour apprendre à les connaître et à connaître leurs produits. Après avoir acheté tous les légumes dont j'ai besoin, je passe à la section des viandes. Je suis un peu plus hésitante, car je ne suis pas sûre de ce que je veux acheter. J'opte finalement pour du poulet, car il est polyvalent et peut être utilisé dans de nombreux plats. J'achète également quelques morceaux de viande différents, en veillant à prendre du bœuf nourri à l'herbe et du **poulet** élevé en plein air. Le boucher est un homme sympathique, toujours de bonne humeur

At the Market

I wake up early on Saturday morning, eager to get to the **market** before it gets too crowded. I throw on some clothes and head out the door, grabbing my reusable bags on the way. As I walk, I start planning what I want to make for the week ahead. I know I want to **roast** vegetables at least once, so I'll need to buy some good quality vegetables. I also want to make a soup or stew, so I'll need to get some meat as well. I'll have to see what looks good when I get there. The market is only a few blocks away, and I can already see the stalls set up and the **people** milling about.

I arrive at the market and head straight for the vegetable stand. The selection is beautiful, and I fill my bags with a variety of **fresh** produce. I chat with the farmer for a bit, and he recommends some recipes to me. I'm excited to try them out. I chat with the **farmers** as I shop, getting to know them and their products. After I have all the vegetables I need, I move on to the meat section. I'm a bit more hesitant here, as I'm not sure what I want to get. I eventually decide on chicken because it is versatile and can be used in a variety of dishes. I also buy a few different cuts of meat, making sure to get grass-fed beef and free-range **chicken**. The butcher was a friendly man, always cheerful despite the long hours he worked. He wrapped up my chicken breasts and steak before chatting to me about his weekend plans. I said goodbye to him and continued on my way. I also grabbed some eggs and cheese from the

malgré ses longues heures de travail. Il a emballé mes blancs de poulet et mon steak avant de me parler de ses projets pour le week-end. Je lui ai dit au revoir et j'ai continué mon chemin. J'ai également acheté des œufs et du fromage au rayon produits laitiers.

Le marché grouille de gens, tous impatients de mettre la **main sur les** produits frais et la viande proposés. L'odeur de l'ail et des oignons flottait dans l'air, et le son des rires et des conversations était omniprésent. Je me suis frayé un chemin dans la foule, en choisissant les autres articles dont j'avais besoin pour mes courses de la semaine. J'ai rempli mon **panier** de fruits et légumes, de pâtes et de pain, avant de me diriger vers la caisse. La file d'attente est longue, mais elle avance rapidement. Enfin, j'ai acheté les dernières **provisions et il est** temps de rentrer à la maison. La voiture est chargée, et le chemin du retour est long et fastidieux. La circulation est dense et la chaleur est accablante. Finalement, la voiture se gare dans l'allée et le soulagement est palpable. La maison était fraîche et calme, et c'était un havre de paix après l'**agitation** du marché. Tout a été rangé, et la maison a rapidement retrouvé sa tranquillité habituelle. J'avais tout ce dont j'avais besoin pour préparer de **délicieux** repas pour moi et pour ma famille. C'était bon d'être chez soi.

dairy section.

The market was bustling with people, all of them eager to get their **hands** on the fresh produce and meat that were on offer. The air was thick with the smell of garlic and onions, and the sound of laughter and conversation filled the air. I made my way through the crowd, picking out the other items I needed for my weekly shop. I filled my **basket** with fruit and vegetables, pasta and bread, before heading to the checkout. The queue was long, but it moved quickly. Finally, the last of the **groceries** were bought, and it was time to go home. The car was loaded up, and the drive home was long and tedious. The traffic was heavy and the heat was oppressive. Finally, the car pulled into the driveway and the relief was palpable. The house was cool and quiet, and it was a haven after the **hustle** and bustle of the market. Everything was put away, and the house was soon back to its usual peace and quiet. I had everything I needed to make some **delicious** meals for myself and for my family. It was good to be home.

Questions de compréhension

1. Où la personne se rend-elle?

2. Que veut acheter la personne?

3. Combien de sacs la personne possède-t-elle?

4. A quelle distance se trouve le marché?

5. Que fait la personne en ce moment?

6. Que se passe-t-il sur le marché?

7. Combien y a-t-il de personnes sur le marché?

8. Combien de temps a-t-il fallu à la personne pour tout acheter?

9. Comment la personne est-elle rentrée chez elle?

10. Qu'a fait la personne en rentrant chez elle?

Comprehension Questions

1. Where is the person going?

2. What does the person want to buy?

3. How many bags does the person have?

4. How far away is the market?

5. What is the person doing right now?

6. What is everything in the market?

7. How many people are in the market?

8. How long did it take the person to buy everything?

9. How did the person go home?

10. What did the person do when he or she got home?

Dans un café

C'était un matin d'**automne** frisquet, et j'avais
donné rendez-vous à mon amie Lily dans notre café
préféré pour prendre un café. Je me suis enveloppée
chaudement dans mon manteau et mon écharpe et je
suis partie. Les feuilles tombaient des arbres et l'air
était glacial, mais le soleil brillait et la journée promettait
d'être magnifique. En marchant, j'ai **pensé** à quel point
c'était bien d'avoir une amie comme Lily. Nous étions
amies depuis des années, depuis notre rencontre à
l'**université**. Nous nous sommes liées par notre amour
du café et du temps passé à discuter dans les cafés.
Même si nous vivions dans des quartiers différents de
la ville, nous nous retrouvions pour prendre un café
une fois par semaine. Je suis arrivé au café, et Lily était
déjà là, à m'attendre. Nous nous sommes embrassées
et avons commandé nos cafés. Nous avons trouvé
une table près de la fenêtre et nous nous sommes
installées pour discuter. Le **café** était délicieux, comme
toujours, et c'était si agréable de rattraper le temps
perdu avec Lily. Nous avons parlé de notre semaine,
de nos emplois et de nos projets pour l'avenir. C'était
toujours si facile de parler à Lily, et j'avais l'impression
que je pouvais tout lui dire. Après un moment, nous
avons commencé à avoir faim et **avons décidé** de
commander de la nourriture.

Nous avons **commandé notre** nourriture et trouvé
un siège près de la fenêtre. Le soleil brillait à travers
la fenêtre, rendant le tout chaleureux et joyeux. Nous

At a Cafe

It was a chilly **autumn** morning, and I had arranged to meet my friend Lily at our favourite cafe for a coffee. I wrapped up warm in my coat and scarf and set off. The leaves were falling from the trees and the air had a nip to it, but the sun was shining and it promised to be a beautiful day. As I walked, I **thought** about how good it was to have a friend like Lily. We had been friends for years, ever since we met at **university**. We bonded over our love of coffee and spending time chatting in cafes. Even though we now lived in different parts of the city, we still managed to meet up for coffee once a week. I arrived at the cafe, and Lily was already there, waiting for me. We hugged each other hello and then ordered our coffees. We found a table by the window and settled down to chat. The **coffee** was delicious, as always, and it was so nice to catch up with Lily. We talked about our week, our jobs, and our plans for the future. It was always so easy to talk to Lily, and I felt like I could tell her anything. After a while, we started to get hungry and **decided** to order some food.

We **ordered** our food and found a seat by the window. The sun was shining in through the window, making everything feel warm and happy. We chatted as we ate our food, enjoying the simple pleasure of being in each other's **company**. The cafe was busy, but it didn't feel crowded. There was a feeling of peace and contentment in the air. As we finished our food, we sat for a while longer, just enjoying the peaceful **atmosphere**. We talked for a while about different

avons bavardé en mangeant, appréciant le simple plaisir d'être en **compagnie de l'autre**. Le café était occupé, mais il n'y avait pas foule. Il y avait un sentiment de paix et de satisfaction dans l'air. Après avoir terminé notre repas, nous sommes restés assis un peu plus longtemps, profitant de l'**atmosphère** paisible. Nous avons parlé pendant un moment de différentes choses qui avaient eu lieu dans nos vies. C'était si agréable de rattraper le temps perdu avec mon ami et de **se détendre**. Le soleil brillait à travers la fenêtre, et c'était comme si **rien ne** pouvait gâcher notre journée parfaite.

Soudain, j'ai entendu un grand fracas. Je me suis retourné pour voir qu'un homme était passé à travers le plafond et était étendu sur le sol devant nous. Il était **couvert** de poussière et de débris et semblait être inconscient. Mon ami et moi étions tous deux sous le choc en regardant l'homme allongé sur le sol. Nous ne savions pas quoi faire ni qui appeler à l'aide. Nous sommes restés assis là, à le regarder, sans savoir quoi faire. Au bout de quelques minutes, je me suis ressaisie et j'ai appelé le 911. L'opérateur m'a dit que quelqu'un arriverait bientôt. J'ai raccroché le téléphone et j'ai raconté à mon ami ce que l'**opérateur avait** dit. Nous sommes restées assises toutes les deux à attendre l'arrivée des secours. Cela nous a semblé une éternité, mais finalement une ambulance est **arrivée**. Les ambulanciers se précipitent et commencent à s'occuper de l'homme. Ils ont rapidement déterminé qu'il était blessé et qu'il devait être emmené à l'**hôpital**.

things that had been going on in our lives. It was so nice to catch up with my friend and just **relax**. The sun was shining through the window, and it felt like **nothing** could ruin our perfect day.

Suddenly, I heard a loud crash. I turned around to see that a man had fallen through the ceiling and was lying on the floor in front of us. He was **covered** in dust and debris and appeared to be unconscious. My friend and I were both in shock as we stared at the man lying on the floor. We didn't know what to do or who to call for help. We just sat there staring at him, not knowing what to do. After a few minutes, I snapped out of it and called 911. The operator told me that someone would be there soon. I hung up the phone and told my friend what the **operator** had said. We both just sat there waiting for help to arrive. It felt like forever, but eventually an ambulance **showed** up. The paramedics rushed in and started working on the man. They quickly determined that he was injured and needed to be taken to the **hospital**.

Questions de compréhension

1. D'où vient l'homme qui tombe à travers le toit?

2. Pourquoi la femme est-elle avec son ami dans le café?

3. Quel est le café préféré des deux amis?

4. Depuis combien de temps les deux amis se connaissent-ils?

5. Quelle est la boisson préférée des deux amis?

6. Dans quelle ville vivent les deux amis?

7. Combien de fois les deux amis se rencontrent-ils?

8. De quoi parlent les deux amis lorsqu'ils se rencontrent pour la première fois dans leur café préféré?

9. Quel est le plat préféré des deux amis?

Comprehension Questions

1. Where does the man who falls through the roof come from?

2. Why is the woman with her friend in the café?

3. What is the two friends' favorite café?

4. How long have the two friends known each other?

5. What is the two friends' favorite drink?

6. In which city do the two friends live?

7. How often do the two friends meet?

8. What do the two friends talk about when they first meet at their favorite café?

9. What is the favorite food of the two friends?

Aller nager

La piscine était toujours un endroit **rafraîchissant**, et aujourd'hui n'était pas différent. Le soleil brillait et l'eau semblait invitante. J'ai pris une profonde inspiration et j'ai plongé, sentant l'étreinte fraîche de l'eau. J'ai fait des longueurs pendant un moment, appréciant l'exercice et la possibilité de me vider la tête. Au bout d'un moment, je suis sorti et me suis séché, puis je me suis assis sur une serviette pour me détendre au soleil. J'ai fermé les yeux et laissé la **chaleur** m'envahir, sentant mes muscles se détendre. Soudain, j'ai entendu une éclaboussure et j'ai ouvert les yeux pour voir ma petite sœur **pagayer dans la** partie peu profonde. J'ai souri et je l'ai regardée pendant un moment, puis je me suis levée et je suis allée vers elle. Nous avons bavardé un peu et pataugé ensemble, appréciant la compagnie de l'autre. Nos parents nous ont bientôt rejoints et nous avons passé le reste de l'après-midi à nager et à jouer ensemble. C'était toujours très agréable de passer du temps avec la famille à la piscine. Il y a **quelque chose** dans le fait d'être dans l'eau qui semble rassembler les gens. Peut-être est-ce parce que nous sommes tous égaux lorsque nous sommes dans l'eau - nous ne pouvons pas cacher nos défauts ou prétendre être ce que nous ne sommes pas. Ou peut-être est-ce simplement parce que c'est amusant ! **Quelle que soit la** raison, j'étais simplement heureuse que nous puissions tous nous réunir et profiter de la compagnie des autres dans un endroit aussi spécial.

Going Swimming

The pool was always a **refreshing** place to be, and today was no different. The sun was shining and the water looked inviting. I took a deep breath and dove in, feeling the cool embrace of the water. I swam laps for a while, enjoying the exercise and the chance to clear my head. After a while, I got out and dried off, then sat down on a towel to relax in the sun. I closed my eyes and let the **warmth** wash over me, feeling my muscles start to relax. Suddenly, I heard a splash and opened my eyes to see my little sister **paddling** around in the shallow end. I smiled and watched her for a while, then stood up and walked over to her. We chatted for a bit and paddled around together, enjoying each other's company. Soon, our parents joined us, and we spent the rest of the afternoon swimming and playing games together. It was always so nice to spend time with the family at the pool. There's **something** about being in the water that just seems to bring people together. Maybe it's because we're all equal when we're in the water—we can't hide our flaws or pretend to be something we're not. Or maybe it's just because it's fun! **Whatever** the reason, I was just glad that we could all come together and enjoy each other's company in such a special place.

The sun was beating down on my skin and the smell of chlorine was in the air. I could hear the sounds of kids laughing and splashing around in the pool. I was lying on a **lounge** chair next to the pool, soaking up the sun and **enjoying** the day. I had my eyes closed and was

Le soleil tapait sur ma peau et l'odeur du chlore flottait dans l'air. J'entendais le bruit des enfants qui riaient et barbotaient dans la piscine. J'étais allongé sur une chaise **longue près de la** piscine, profitant du soleil et **de la** journée. J'avais les yeux fermés et j'étais sur le point de m'endormir lorsque j'ai entendu quelqu'un s'approcher de moi. J'ai ouvert les yeux et j'ai vu une femme debout à côté de moi. Elle portait un bikini et avait une serviette enroulée autour de sa taille. Elle avait de longs cheveux blonds et des yeux bleus. Elle tenait une bouteille de **crème solaire** dans sa main. "Ça te dérange si je mets de la crème solaire sur ton dos?" a-t-elle demandé. "Non, ça va", ai-je répondu, en me redressant pour qu'elle puisse atteindre mon dos. J'ai senti ses mains sur ma peau alors qu'elle appliquait la crème solaire.

Son toucher était doux et l'odeur de la crème solaire était apaisante. J'ai fermé les yeux à nouveau et me suis laissé aller à la détente. Je pouvais entendre le **bruit** de ses mouvements, mais je n'ai pas ouvert les yeux. Je me contentais de rester allongé au soleil, en écoutant le bruit des vagues qui **s'écrasaient** sur le rivage. Après quelques minutes, elle s'est éloignée, et j'ai ouvert les yeux. Je l'ai regardée retourner vers sa chaise longue et prendre son livre. Elle s'est installée dans son fauteuil et a commencé à lire. J'ai refermé les yeux et me suis laissé aller au sommeil. J'ai **rêvé que** je nageais dans la piscine, que je faisais des longueurs d'avant en arrière. L'eau était rafraîchissante et fraîche sur ma peau. Je pouvais sentir le soleil sur mon visage et la chaleur de l'eau qui m'entourait.

just about to drift off to sleep when I heard someone walking up to me. I opened my eyes and saw a woman standing next to me. She was wearing a bikini and had a towel wrapped around her waist. She had long blonde hair and blue eyes. She was holding a bottle of **sunscreen** in her hand. "Do you mind if I put some sunscreen on your back?" she asked. "No, that's fine," I said, sitting up so she could reach my back. I felt her hands on my skin as she applied the sunscreen.

Her touch was gentle and the scent of the sunscreen was soothing. I closed my eyes again and let myself relax. I could hear the **sound** of her moving around, but I didn't open my eyes. I was content just lying there in the sun, listening to the sound of the waves **crashing** against the shore. After a few minutes, she walked away, and I opened my eyes. I watched her as she walked back to her lounge chair and picked up her book. She settled into her chair and began reading. I closed my eyes again and let myself drift off to sleep. I **dreamed** that I was swimming in the pool, doing laps back and forth. The water was refreshing and cool on my skin. I could feel the sun on my face and the warmth of the water surrounding me.

Questions de compréhension

1. Où se trouvait le narrateur lorsqu'il a commencé l'histoire?

2. Que sent le narrateur lorsqu'il ouvre les yeux?

3. Qu'entend le narrateur lorsqu'il ouvre les yeux?

4. A qui la femme donne-t-elle de la crème solaire au narrateur?

5. De quoi le narrateur rêve-t-il?

6. Pourquoi la baignade dans la mer est-elle si spéciale pour le narrateur?

7. quelle est la sensation de l'eau dans laquelle nage le narrateur?

8. Que voit le narrateur quand il sort de l'eau?

Comprehension Questions

1. Where was the narrator when the story begins?

2. What does the narrator smell when he opens his eyes?

3. What does the narrator hear when he opens his eyes?

4. Whose sunscreen does the woman give the narrator?

5. What does the narrator dream about?

6. Why is swimming in the ocean so special to the narrator?

7. What does the water feel like when the narrator swims in it?

8. What does the narrator see when he comes out of the water?

Tonte de la pelouse

Il est 10 heures du matin, un **samedi d'**été, et le soleil tape déjà sans pitié. Vous vous frayez un chemin jusqu'au garage pour aller chercher la tondeuse à gazon, avec l'impression d'être **condamné** aux travaux forcés. Vous commencez à tondre la pelouse, en veillant à aller doucement pour ne pas manquer d'endroits. Pendant que vous tondez, vous pensez à tout le bien que cela fait d'être dehors à l'air frais. Alors que vous commencez à pousser la tondeuse d'avant en arrière sur la pelouse, vous apercevez votre voisin du coin de l'œil. Vous lui faites signe et lui dites bonjour, et il vous répond.

Après quelques minutes, vous avez terminé, et vous vous rendez chez votre voisin pour prendre une bière avec lui dans le jardin de devant. C'est une journée **parfaite**, il ne fait pas trop chaud et une légère brise souffle. Vous êtes assis à l'ombre de l'arbre, sirotant votre bière et discutant avec votre voisin. Ce sont des jours comme celui-ci qui vous font apprécier l'été. Puis vous rentrez à l'intérieur pour prendre une bière bien méritée. Vous vous installez sur une chaise sous le porche et ouvrez la canette en poussant un soupir de satisfaction. Le bruit de la tondeuse s'estompe et vous vous détendez à l'ombre, profitant de la **tranquillité du** moment. La bière a un goût extra bon après tout ce dur travail dans la chaleur. J'étais sur le point de rentrer quand j'ai entendu un bruit à côté.

On aurait dit que quelqu'un pleurait. J'ai arrêté de tondre et j'ai marché jusqu'à la clôture qui séparait nos

Mowing the Lawn

It's 10 in the morning on a summer **Saturday**, and the sun is already beating down mercilessly. You trudge out to the garage to fetch the lawn mower, feeling like you're being **sentenced** to hard labor. You start mowing the lawn, making sure to go nice and slow so you don't miss any spots. As you're mowing, you think about how good it feels to be outside in the fresh air. As you start pushing the mower back and forth across the lawn, you see your neighbour out of the corner of your **eye**. You wave and say hi, and he waves back.

After a few minutes, you're done, and you head over to your neighbour's house to have a beer with him in the front garden. It's a **perfect** day—not too hot, with a gentle breeze blowing. You sit there in the shade of the tree, sipping your beer and chatting with your neighbour. It's days like this that make you appreciate summertime. Then you **head** inside for a well-deserved beer. You flop down in a chair on the front porch and crack open the can, letting out a contented sigh. The sound of the mower fades into the background as you relax in the shade, enjoying the **peacefulness** of the moment. The beer tastes extra good after all that hard work in the heat. I was about to head inside when I heard a noise next door.

It **sounded** like someone was crying. I stopped mowing and walked over to the fence that separated our yards. I peered over and saw my neighbor, Mrs. Johnson, crying on her porch swing. I called out to her, but she

jardins. J'ai jeté un coup d'œil par-dessus et j'ai vu ma voisine, Mme Johnson, pleurer sur sa balançoire sous le porche. Je l'ai appelée, mais elle ne m'a pas entendue. J'ai escaladé la clôture et j'ai marché jusqu'à elle. "Mme Johnson, vous allez bien?" J'ai demandé. Elle a levé les yeux vers moi, les larmes aux yeux, et a secoué la tête. "Non, je ne vais pas bien", a-t-elle dit. "Mon chat est mort hier." J'étais choquée. Je n'ai pas su quoi dire. Je suis restée là, maladroitement, sans savoir quoi faire. Finalement, j'ai posé ma main sur son **épaule** et j'ai dit : "Je suis vraiment désolée, Mme Johnson. Si je peux faire quelque chose pour vous aider, faites-le moi savoir". "Elle a secoué la tête et a dit : "Non, il **n'y a rien que** personne ne puisse faire". Puis elle s'est levée et est entrée dans sa maison. Je suis resté là un moment, ne sachant pas quoi faire. Puis je suis retourné tondre ma pelouse. En terminant, je n'ai pu m'empêcher de penser à Mme Johnson et à son chat.

didn't hear me. I climbed over the fence and walked over to her. "Mrs. Johnson, are you okay?" I asked. She looked up at me with tears in her eyes and shook her head. "No, I'm not okay," she said. "My cat died yesterday." I was shocked. I didn't know what to say. I just stood there awkwardly, not knowing what to do. Finally, I put my hand on her **shoulder** and said, "I'm so sorry, Mrs. Johnson. If there's anything I can do to help, please let me know. " She shook her head and said, "No, there's **nothing** anyone can do." Then she got up and went inside her house. I stood there for a moment, not knowing what to do. Then I went back to mowing my lawn. As I finished up, I couldn't help but think about Mrs. Johnson and her cat.

Questions de compréhension

1. Quelle heure est-il?

2. Où se trouve la personne qui tond?

3. Comment la personne se sent-elle?

4. Pourquoi la personne doit-elle tondre lentement?

5. Quel temps fait-il?

6. Que fait la personne après avoir fauché?

7. Qu'entend la personne avant de rentrer chez elle?

8. Qui est avec Mme Johnson?

9. Pourquoi Mme Johnson pleure-t-elle?

10. Que dit la personne à Mme Johnson?

Comprehension Questions

1. What time is it?

2. Where is the person mowing?

3. How does the person feel?

4. Why does the person have to mow slowly?

5. What kind of weather is it?

6. What is the person doing after mowing?

7. What does the person hear before going home?

8. Whois with Mrs. Johnson?

9. Why is Mrs. Johnson crying?

10. what does the person say to Mrs. Johnson?

Se faire couper les cheveux

Cela faisait des semaines que je voulais me faire couper les cheveux, mais j'arrivais toujours à remettre ça à plus tard. Mais à l'approche de **Noël, je** savais que je ne pouvais plus attendre. Je ne voulais pas me présenter au dîner de Noël de ma famille avec une coiffure débraillée. Alors, tôt le matin de Noël, je me suis rendue au salon. Même s'il était tôt, le salon était déjà occupé par d'autres personnes qui **se faisaient** coiffer pour les fêtes. J'ai pris ma place dans la file d'attente et j'ai attendu mon tour. Enfin, c'était mon tour sur la chaise. La styliste, une femme sympathique nommée Jill, m'a demandé ce que je voulais. "Juste une coupe, rien de trop radical", ai-je répondu. Jill s'est mise au travail, coupant mes cheveux. Pendant qu'elle travaillait, j'ai commencé à me détendre. C'était bon de prendre enfin soin de moi. J'avais été tellement occupé ces derniers temps, à courir partout pour m'occuper de tout le monde, que j'avais laissé mes propres besoins de côté. Mais plus **maintenant**. A partir de maintenant, j'allais prendre du temps pour moi.

Lorsque Jill a terminé, je me suis regardée dans le miroir et j'étais ravie de ce que je voyais. Mes cheveux étaient soignés et polis, parfaits pour les fêtes de fin d'année. J'ai **remercié** Jill et j'ai noté **mentalement** de revenir plus souvent. À partir de maintenant, je prendrai soin de moi d'abord et avant tout. Elle s'est mise au

Getting a Haircut

I had been meaning to get a haircut for weeks, but somehow always managed to put it off. But with **Christmas** just around the corner, I knew I couldn't put it off any longer. I didn't want to show up to my family's Christmas dinner looking like a scruffy mess. So, early on Christmas morning, I made my way to the salon. Even though it was early, the salon was already busy with other people **getting** their hair done for the holiday. I took my place in the line and waited my turn. Finally, it was my turn in the chair. The stylist, a friendly woman named Jill, asked me what I wanted. "Just a trim, nothing too drastic," I replied. Jill got to work, snipping away at my hair. As she worked, I began to relax. It felt good to finally be taking care of myself. I had been so busy lately, running around taking care of everyone else, that I had let my own needs fall by the wayside. But not **anymore**. From now on, I was going to make time for myself.

When Jill was finished, I looked in the mirror and was pleased with what I saw. My hair looked tidy and polished—perfect for holiday gatherings. I **thanked** Jill and made a **mental** note to come back more often. From now on, I will take care of myself first and foremost. She got to work snipping away at my hair. I thought about how thankful I was that I had finally gotten around to getting my haircut. It felt good to know that I would look presentable for Christmas **dinner**. No longer would I have to worry about my family teasing me about my "scruffy" appearance. After a few minutes,

travail en coupant mes cheveux. J'ai pensé à combien j'étais reconnaissante d'avoir enfin pris le temps de me faire couper les cheveux. Je me sentais bien de savoir que j'allais être présentable pour le **repas de** Noël. Je n'aurais plus à m'inquiéter des taquineries de ma famille sur mon apparence "débraillée". Après quelques minutes, le coiffeur a fini de me couper les cheveux et m'a fait un rapide brushing. Je me suis regardé dans le miroir et j'étais content de ce que je voyais - un look propre qui serait parfait pour le dîner de Noël. Maintenant que ma coupe de cheveux était terminée, je pouvais me concentrer sur les vacances avec ma famille. Et j'en étais encore plus reconnaissante.

Je me suis sentie tellement **libérée** et j'ai adoré le look de ma nouvelle coupe de cheveux. Après avoir payé ma coupe, je suis rentrée chez moi et j'ai commencé à faire mes bagages pour mon voyage. J'**avais hâte** de montrer mon nouveau look à ma famille et à mes amis. Je savais qu'ils seraient surpris en me voyant. Le jour de mon vol, je suis arrivée à l'aéroport avec beaucoup de temps devant moi. J'ai passé le contrôle de sécurité sans problème et j'ai rapidement pris la route. Dès que je suis arrivé à destination, j'ai senti l'excitation dans l'air. Il y avait vraiment de l'air pour Noël ! Ma famille était là pour m'accueillir à l'aéroport, et ils étaient tous étonnés de ma nouvelle coupe de cheveux. Nous avons passé les jours suivants à **rattraper** le temps perdu et à profiter de la **compagnie des autres**. La veille de Noël, nous sommes allés tous ensemble à l'église et avons chanté des chants de Noël.

the stylist was finished trimming my hair and gave me a quick blow dry. I looked in the mirror and was happy with what I saw—a clean-cut look that would be perfect for Christmas dinner. Now that my haircut was out of the way, I could focus on enjoying the holiday with my family. And I was even more thankful for that.

It felt so **liberating**, and I loved the way my new haircut looked. After I paid for my haircut, I went home and started packing for my trip. I **couldn't** wait to show off my new look to my family and friends. I knew they would be surprised when they saw me. On the day of my flight, I arrived at the airport with plenty of time to spare. I went through security without any problems, and soon I was on my way. As soon as I arrived at my destination, I could feel the excitement in the air. Christmas was definitely in the air! My family was there to greet me at the airport, and they were all amazed at my new haircut. We spent the next few days **catching** up and enjoying each other's **company**. On Christmas Eve, we all went to church together and sang carols. It was a perfect holiday.

Questions de compréhension

1. Que devait faire le protagoniste avant Noël?

2. Que pense la protagoniste du fait de prendre soin d'elle?

3. Qui a taillé les cheveux du protagoniste?

4. Pourquoi la famille de la protagoniste allait-elle se moquer d'elle?

5. Qu'a ressenti la protagoniste après s'être fait couper les cheveux?

6. Qu'a fait la protagoniste après s'être fait couper les cheveux?

7. Quelle a été la réaction de la famille de la protagoniste à sa coupe de cheveux?

8. Qu'a fait le protagoniste la veille de Noël?

Comprehension Questions

1. What did the protagonist need to do before Christmas?

2. How did the protagonist feel about taking care of herself?

3. Who trimmed the protagonist's hair?

4. Why was the protagonist's family going to tease her?

5. How did the protagonist feel after getting her haircut?

6. What did the protagonist do after getting her haircut?

7. What was the protagonist's family's reaction to her haircut?

8. What did the protagonist do on Christmas Eve?

Le parc

Le soleil se couchait, et le parc était vide. Je me suis assise sur un banc, attendant mon **amie**. Nous avions prévu de nous retrouver ici il y a une heure, mais elle était toujours en retard. Au moment où j'allais abandonner et rentrer chez moi, je l'ai vue courir vers moi.

"Je suis vraiment désolée", a-t-elle haleté en atteignant le banc. "Mon train a été **retardé**."

"C'est bon", ai-je dit **avec indulgence**. "Je viens juste d'arriver."

Nous nous sommes assis et avons bavardé pendant un certain temps, prenant des nouvelles de la vie de chacun depuis notre dernière rencontre. La conversation était fluide **et nous avions** l'impression que le temps n'avait pas passé depuis notre dernière rencontre. Au coucher du soleil, nous nous sommes dit au revoir et avons pris des chemins différents. La fois suivante, c'était dans un autre parc. Encore une fois, elle était en retard, mais ça ne m'a pas dérangé. C'était agréable d'avoir quelqu'un à qui parler et qui me **comprenait**. Nous avons parlé de nos rêves et de nos **aspirations**, des choses que nous voulions faire de nos vies. Elle m'a parlé de son projet de voyager dans le monde entier, et j'ai partagé mon rêve de devenir écrivain. Alors que le soleil se couchait sur un autre jour, nous nous sommes dit au revoir une fois de plus, en promettant de rester en contact cette fois-ci.

The Park

The sun was setting, and the park was empty. I sat on the bench, waiting for my **friend**. We had planned to meet here an hour ago, but she was always late. Just as I was about to give up and go home, I saw her running towards me.
"I'm so sorry," she panted as she reached the bench. "My train was **delayed**."
"It's okay," I said **forgivingly**. "I just got here myself."

We sat down and chatted for a while, catching up on each other's lives since we last met. The conversation flowed **easily**, and it felt like no time had passed at all since we last saw each other. As the sun set, we said our goodbyes and went our separate ways. The next time we met, it was in a different park. Again, she was late, but I didn't mind. It was nice to have someone to talk to who **understood** me. We talked about our dreams and **aspirations**, things we wanted to do with our lives. She told me about her plans to travel the world, and I shared my dream of becoming a writer. As the sun set on another day, we said goodbye once again, promising to keep in touch this time.

Years passed, and our **friendship** remained strong even though we lived in different parts of the country now. We kept in touch through letters and occasional phone calls, sharing news of our lives with each other. When she announced that she was getting married, I wasn't **surprised** - she had always been the **adventurous** type. But when she asked me if I would

Les années ont passé, et notre **amitié** est restée forte, même si nous vivions désormais dans des régions différentes du pays. Nous sommes restés en contact par des lettres et des appels téléphoniques occasionnels, partageant les nouvelles de nos vies respectives. Lorsqu'elle a annoncé qu'elle allait se marier, je n'ai pas été **surpris** - elle avait toujours été du genre **aventureux**. Mais lorsqu'elle m'a demandé si j'accepterais d'être sa demoiselle d'honneur à la cérémonie de son mariage qui se déroulait à l'autre bout du monde, loin de chez moi... il a fallu la convaincre ! En fin de compte, je ne pouvais pas laisser ma meilleure amie se marier sans moi à ses côtés, alors malgré mes craintes (et après qu'elle m'ait beaucoup suppliée !), j'ai **accepté de participer à** ce qui s'est avéré être l'**aventure** de ma vie.

Le jour du **mariage** est enfin arrivé. J'étais nerveux, mais excité de faire partie d'un moment si important dans la vie de mon amie. La cérémonie était magnifique, et elle avait l'air heureuse en prononçant ses vœux. **Ensuite,** nous avons fait une grande fête - on aurait dit que tous ses proches étaient venus célébrer avec elle ! C'était un jour **magique** que je n'oublierai jamais, et notre amitié n'a fait que se renforcer après cette aventure. Aujourd'hui, des années plus tard, nous restons toujours en contact. Nous avons toutes deux beaucoup **changé** depuis notre première rencontre, mais notre amitié est plus forte que jamais. Chaque fois que nous nous retrouvons, que ce soit dans un parc ou **à l'**autre bout du monde, nous avons l'impression que le temps n'a pas passé.

be her maid of honor at her wedding ceremony taking place halfway around the world from where I lived... that took some convincing! In the end though I couldn't let my best friend get married without me by her side so despite my fears (and after much pleading from her!)I **agreed** to go along for what turned out to be the **adventure** of a lifetime.

The day of the **wedding** finally arrived. I was nervous, but excited to be a part of such an important moment in my friend's life. The ceremony was beautiful, and she looked happy as she said her vows. **Afterward**, we celebrated with a big party – it seemed like everyone she knew had come to celebrate with her! It was a **magical** day that will never forget, and our friendship only grew stronger after that adventure. Now, years later, we still keep in touch. We've both **changed** a lot since we first met, but our friendship is as strong as ever. Whenever we meet up - whether it's in a park or **halfway** around the world - it feels like no time has passed at all.

Questions de compréhension

1. Où l'auteur et son ami se sont-ils rencontrés pour la première fois?

2. Pourquoi l'ami de l'auteur était-il en retard à leur réunion?

3. De quoi les amis ont-ils parlé lorsqu'ils se sont retrouvés des années plus tard?

4. Qu'a ressenti l'auteur en assistant à la cérémonie de mariage de son amie?

5. Décrivez le cadre de la cérémonie de mariage.

6. Comment l'amitié entre les deux femmes a-t-elle évolué au fil du temps?

7. Quel est le rêve de l'auteur?

8. Où l'ami de l'auteur prévoit-il de voyager?

Comprehension Questions

1. Where did the author and her friend first meet?

2. Why was the author's friend late to their meeting?

3. What did the friends talk about when they met up again years later?

4. How did the author feel about attending her friend's wedding ceremony?

5. Describe the setting of the wedding ceremony.

6. How has the friendship between the two women changed over time?

7. What is the author's dream?

8. Where does the author's friend plan to travel?

www.ingramcontent.com/pod-product-compliance
Lightning Source LLC
Chambersburg PA
CBHW072231150726
48002CB00005B/2032